千石永载

潮湿环境下砖石质文物风化机理与保护方法研究

冯 楠／著

上海古籍出版社

图书在版编目（CIP）数据

千石永载：潮湿环境下砖石质文物风化机理与保护
方法研究 / 冯楠著. —上海：上海古籍出版社，
2021.12
ISBN 978-7-5732-0206-2

Ⅰ.①千… Ⅱ.①冯… Ⅲ.①石器－文物保护－研究
－中国 Ⅳ.①K876.24

中国版本图书馆 CIP 数据核字（2021）第 268980 号

千石永载
——潮湿环境下砖石质文物风化机理与保护方法研究

冯 楠 著

上海古籍出版社出版发行
（上海市闵行区号景路 159 弄 1-5 号 A 座 5F　邮政编码 201101）
（1）网址：www.guji.com.cn
（2）E-mail：guji1@guji.com.cn
（3）易文网网址：www.ewen.co
苏州市越洋印刷有限公司印刷
开本 890×1240　1/32　印张 8.375　插页 5　字数 196,000
2021 年 12 月第 1 版　2021 年 12 月第 1 次印刷
ISBN 978-7-5732-0206-2
K·3118　定价：69.00 元
如有质量问题，请与承印公司联系

序　言

　　潮湿环境下砖石质文物的保护一直是国内外公认的技术难题,本书即对潮湿地区露天环境下砖石质文物的保护进行了研究,研究对象为潮湿环境下露天不可移动砖石质文物。砖石质文物所处自然环境复杂多变,决定了砖石质文物的保护方法也要因地制宜:如露天的与室内的环境不同,保护的方法应不全相同;潮湿温暖的环境与干燥寒冷的环境相差悬殊,相应的保护方法及选用的防护材料就不能一样;处于海边多盐潮湿空气下的文物,保护工作就要首先去除内部的盐分;墓葬内的砖石质文物建筑还要考虑通风,阻止毛细水、凝结水的侵蚀及避免干湿度的急剧变化,防止霉变等;同一质地的文物如果分别处于潮湿温暖与干旱寒冷的地区,则病害状况也不尽相同。砖石质文物保护一定要考虑到环境的差异性,不能是一个模式和配方,需因地制宜,采用相应的保护方法、材料和工艺。

　　本书试图从分析研究潮湿地区砖石质文物风化现状及病害机理的角度出发,以《中国文物古迹保护准则》为原则,按照《中华人民共和国文物保护法》、《中华人民共和国文物保护法实施条例》、《文物保护工程管理办法》的有关要求,采用地质学、岩土工程学、岩石学、环境学等相关学科的理论和方法,运用先进的科学仪器,以文物保护的新理念作指导,对高句丽石质文物、重庆大足石刻、西安明城墙、宝鸡麟游慈善寺石窟、澳门福德祠与郑家大屋五处砖石质文物的保存现状、赋存环境、砖石质地类型和特点、病害机理及特征进行了全面的调查与分析,重点在于调查潮湿环境下砖石质文物的风化、病害现状,并分析探讨了五处砖石质文物的风化机理。潮湿环境的气象特征诸因素中,水(包括地下水、地面水、雨水)加之温暖潮湿的环境是引起砖石质文物风化等损害的最主要因素,各种病害都因水的参与而产生或加剧,由此依据ASTM标准(American Society for Testing and Materials,美国材料与试验协会)选取了几种防水加固材料对现场收集的样品进行保护材料的室内老化实验和文物现场保护实验,并针对生物、微生物的生长提出相应的生物防治对策。首先针对潮湿环境的特殊气候特征研发了一种复合防腐防霉杀菌剂,并通过抑菌圈实验证实了其有效的防治效果,对于潮湿环境下砖石质文物的保护治理总结出可行性保护研究思路。

本书首次提出针对典型潮湿环境下砖石质文物的可行性保护研究思路,对于易受自然因素风化的典型潮湿地区的砖石质文物的保护,提出一种合理可行的保护方法。迄今为止,各国学者都是以单一对象的砖石质文物保护为研究目标,尚未有人将保护方法归类总结,我们试图寻找可适用于潮湿环境下砖石质文物的可行性保护研究方法。

本书通过文献和实际调查相结合的方法,研究内容包括文物价值调查、文物环境调查、病害分析、保护材料选择以及遗址保护的综合手段。主要选用荷兰Philips-FEI公司的Quanta200环境扫描电子显微镜、日本理学株式会社D/Max-RA型X射线衍射仪等,对砖石类样品进行分析,并结合以往的研究成果，揭示砖石质文物产生病害的微观及宏观原因，探讨病害产生的机理。

本书的研究对象——砖石质文物属于不可移动文物遗存，一般体积较大，还都处于户外露天环境下，不能或不宜整体移动。但是我们仍然可以通过采取一定的预防性保护方法，如控制文物保存区域周边的污染物排放、有害气体排放、地面水监管以及游客人数控制、灾害防治、加强日常定期的保护工作等一系列的预防性保护措施。

用化学材料加固保护易碎、断裂、塌落的砖石质文物已有一百多年的历史了，罗马时期就用化学材料来保护石雕。根据国内外砖石质文物化学保护的经验，并根据砖石质文物保护的需要进行筛选，选择了若干常用的加固与防水材料，这些保护材料主要为有机硅和丙烯酸酯，通过室内实验以多种指标（颜色变化、接触角、吸水率、耐水、耐冻融、耐盐、耐酸等）对加固和防水材料进行了初步保护效果检测，给潮湿环境下砖石质文物保护工程的规划和制定提供一定的实验数据支持。国内外现阶段对于砖石质文物加固封护材料效果的检测一般都是采用非文物样品进行老化实验，而对非文物样品加固封护的实验结果并不能直接引入对真实文物样品的保护中。本书首次引用五处不同环境不同岩性的砖石质文物样品开展大量的检测实验，通过对砂岩、花岗岩、砖质文物的加固封护研究，全面系统地通过对孔隙度、毛细吸水率、外观颜色、裂缝等参数的测定来检测冻融、冷热循环、酸碱腐蚀、可溶盐侵蚀等老化实验对加固封护材料的耐候性等方面的影响，从微观及宏观角度了解不同加固封护材料对砖石质文物的保护效果，对所选材料如有机硅等对潮湿地区砖石质文物保护的可行性和效果进行研究。

将实验筛选出的加固封护材料应用于国家级砖石质文物的

现场保护研究，主要应用于宝鸡麟游慈善寺、高句丽遗存、西安明城墙等文物的保护研究中，其中选取部分通过吸水量、颜色、结壳、润湿角变化等参数来评估保护效果。选取的五处露天砖石质文物所处的环境具有高湿度、降雨量大等特点，给各种生物体生长繁衍提供了适宜的条件，由此造成的破坏作用不可忽视。这些生命体主要有菌类及低等植物如苔藓、藻类、地衣等，它们常以共生复合体的形式存在，不仅在砖石质文物表面形成各种色斑，严重影响文物原貌，而且还会使砖石质文物发生严重的生物风化。本书试图了解潮湿地区的砖石质文物的病害机理和风化机理，对其表面产生生物风化的生物样品进行采集、分离、鉴定后从中选取部分，照顾种群类别，并考虑代谢产物可能有害的菌种，选取了15种菌类，通过科学的配比配制了一种高效、低毒的复合防腐防霉杀菌剂。最后采用了生物防治实验中最常用的方法——抑菌圈，验证了复合防腐防霉杀菌剂的杀菌抑菌效果，并提出了对砖石质文物生物风化的防治保护方法。

　　潮湿环境下砖石质文物保护仍然是文物保护领域的难点，该部分的研究还需进一步完善，未来的工作重点包括以下两个方面：一、对潮湿地区砖石质文物风化保护材料的性能进行更为深入的研究；二、通过更多的实验数据，对本书所选取的五处潮湿环境下砖石质文物的现场实验区域的保护效果进行考证。

目　录

第1章

绪　　论

1.1　概　　述

1.1.1　文物保护科学

　　文物保护科学（Conservation），又可称为保藏学（Conservation Science），或保存学（Preservation Science），是自然科学中一门研究一切具有珍贵历史、艺术、科学价值而又不能再生的文物在自身和外界因素影响下的质变规律，如文物老化、变质、锈蚀毁坏的影响及劣化机理的学科。同时，还是一门研究保护技术，通过为文物制定科学有效的保护方法和具体实施方案的保护技术，最终可以最大限度地延长文物的寿命和科学合理利用的时间。因此，它是一门建立在多学科综合的理科和工科基础上的边缘性、综合性基础应用学科和新兴技术学科。针对本书的研究对象——露天不可移动砖石质文物的保护，可以参照《中国文物古迹保护准则》给出的定义："保护是指为保存文物古迹实物遗存及其历史环境进行的全部活动，保护的目的是真实、全面地保存并延续其历史信息及全部价值。保护的任务是通过技术的和管理的措施，修缮自然力和人为造成的损伤，制止新的破坏。所有保护措施都必须遵守不改变文物原状的原则。"

　　文物保护学主要的工作内容有鉴定文物的真伪、研究古代文物的制作工艺、分析测定文物的成分结构及表面性质、研究文物保护材料、研究文物毁坏的原因及锈蚀腐败的机理、研究文物保护修复技术等多个方面，文物保护科学属于自然科学范畴，但它与社会科学领域的博物馆学、图书馆学、历史学、人类学、考古学、古文字学、古器物学、科学技术史、工艺美术史等学科相依附[①]，它是一门建立在多门类的理科和工科基础上的边缘性、综合性基础应用学科和新兴技术学科[②]。

1.1.2　文物保护基本方针及原则

　　我国的文物保护科学研究自中华人民共和国成立以来，由于党和政府的重视，人力、物力、财力投入不断增加，广大人民群众文物保护意识不断提高，文物保护队伍不断发展壮大，文物保护工作取得了很大成绩，也总结了不少经验。经过文物保护工作者不懈的努力，总结自己实践经验的同时，借鉴国外的实践经验，在总结十几年来文物保护实践经验的基础上，逐渐形成了一些文物保护修复的规则。这些规则经过分析、总结、提高，上升到保护理论的高度，逐渐成为文物保护工作中共同遵守的原则。与国际性协议（例如《威尼斯宪章》）相较，我国执行的文物保护修复原则的最低限度干预原则、历史可读性原则、过程可逆性原则、与环境统一原则、修复前后的存档原则，

---

① M.d.l. Torre, *Assessing the Values of Cultural Heritage*, Los Angeles: The Getty Conservation Institute, 2002. Avrami, E., R. Mason, M.d.l. Torre, *Values and Heritage Conservation*, Los Angeles: The Getty Conservation Institute, 2000.

② 张承志:《文物保藏学原理》，北京科学技术出版社，1999年。

均与之相统一①。

1.1.2.1 文物保护的基本原则

"保护为主、抢救第一、合理利用、加强管理"不仅是文物工作的基本方针,也是文物保护的基本指导方针。文物保护研究的主要内容是研究保存环境对文物的影响,控制环境因素,防止环境因素对文物的破坏,进而研究如何采用新的、性能良好的保护材料和新的保护方法来提高文物抗老化(变质)能力,使已遭到损蚀破坏的文物得到抢救性保护处理,使文物材料的病害清除,强度增强,重新变得稳定。这种以防为主、防治结合的方针是做好文物保护工作的依据。防是主动防止,即尽量减少外界因素对文物的侵蚀和破坏,防患于未然,防的本质就是延缓文物材料老化进程,尽量延长文物的寿命。文物材料和文物保护修复材料,在自然环境的影响下,材料的组成、结构逐渐发生老化、变质,甚至完全锈蚀或糟朽腐败,是不可改变的自然规律。而采取科学有效的保护措施,改善文物保存环境和提高文物材料自身抵抗外界因素影响的能力,使文物尽可能长久地存在于人力可控的范围内。

1.1.2.2 修旧如旧、保持原状原则

世界各国在文物保护方面,普遍遵从的原则是,所有对文物的保护与修复都应有足够的研究资料为证,应该避免对文物材料有任何结构上和装饰上的改造,我国长期文物保护实践将之总结为不改变文物原状原则②。"修旧如旧"也是我国著名的古建筑专家梁思成先生最先倡导的思想,它适合于一切可移动

---

① 郭宏:《论"不改变原状原则"的本质意义——兼论文物保护科学的文理交叉性》,《文物保护与考古科学》2004年第1期,第60-64页。

② 郭宏:《论"不改变原状原则"的本质意义——兼论文物保护科学的文理交叉性》,《文物保护与考古科学》2004年第1期,第60-64页。

和不可移动文物的保护,是文物保护修复的一条基本原则。文物保护的目的是保护文物蕴含的珍贵历史、文化及艺术信息,这些信息通过文物材料这个载体呈现出来,因此文物保护尊重文物制作时的基本状况和历经千百年沧桑后的状态,使赋予其上的历史文化信息可以完好存在,在文物保护修复中应坚持保存文物原来的制作材料、制作工艺、原有的结构和形貌,在此原则的基础上对文物本身进行最小的干预,对急需保护处理、濒临危险的文物采取保护措施。1961年中华人民共和国国务院公布了第一个全面的国家文物保护法规《文物保护管理暂行条例》,该条例规定在古建筑、石窟寺等(包括建筑物的附属物)进行修缮、保养的时候,必须遵守恢复原状或者保存现状的原则。1982年颁布的《中华人民共和国文物保护法》明确规定:核定为文物保护单位的革命遗址、纪念建筑物、古墓葬、古建筑、石窟寺、石刻等(包括建筑物的附属物),在进行修缮、保养、迁移的时候,必须遵守不改变文物原状的原则;第十五条规定:这些单位以及专设的博物馆等机构,都必须严格遵守不改变文物原状的原则,负责保护建筑物及附属文物的安全,不得损毁、改建、添建或者拆除。2002年10月28日修正版《中华人民共和国文物保护法》第二十一条规定:"对不可移动文物进行修缮、保养、迁移,必须遵守不改变文物原状的原则。"可见中国政府对不改变文物原状原则的重视和强调。

1.1.2.3　清除病害、保护文物安全原则

文物保护程序中一项十分重要的工作就是清除文物病害,否则文物本身就不存在了,一切价值也就无从谈起[①]。要清除病

害、防止病害对文物的破坏,首先要调查文物的病害,分析引起文物病害的有害因素,从而采取有效措施,消除损蚀破坏文物的祸根。如纸质及纺织品文物上的霉菌污斑、青铜器上的粉状锈,壁画、陶器、砖瓦文物上的可溶盐,漆木器上的害虫等导致文物继续损蚀的病患,都应彻底予以清除,以保证文物健康、安全地尽量长时间保存[①]。

1.1.2.4 可逆性原则

文物保护工作具有可逆性和可再处理性。可逆性原则可分为修复处理方法的可逆及修复材料的可逆,由于科学技术及材料研究的发展日新月异,新技术和新材料的研发不断被应用到保存、修复的事业领域当中,为文物保护带来新的启示和选择,这就要求原本被施加于上的材料可以简便地被清除掉,即称为具备可逆性和可再处理性。另外,一般修复保护材料使用之后,文物强度得到提高,文物材质得到加固,文物表面具备憎水性而减少水对其造成的危害,但会因自然环境的影响和人为因素而加速其老化。这便给修复处理定下了时限,时限的长短受多种因素的影响,包括文物修复过程中所使用的技术方法与材料适当与否,修复人员技术水平的优劣和修复后的保存状况如何。如果保护后需要再次对文物进行处理,这当中就必然要涉及有效及彻底清除前一次修复材料的问题。

1.1.2.5 文物保护修复中应用现代新材料、新技术、新工艺应遵守的原则

虽然文物保护中保存文物原来的制作材料、工艺,是保护文物价值的基本原则和要求,但随着科技事业的飞速发展,也应该在一定限度内利用现代新材料、新技术、新工艺为保护珍贵的

---

① 王蕙贞:《文物保护学》,文物出版社,2009年,第14-15页。

文化遗产服务,使文化遗产得到更好的保护。文物保护修复中应该遵守以使用原材料为主的原则,选用文物保护材料应坚持与文物强度、颜色协调的原则,保护材料的选择应尽量追求"远看差不多,近看有区别"的效果。同时也应该坚持继承与创新相结合的原则,应用现代先进的科学技术,先进的分析、测试设备,新材料、新工艺可更好地为保护文化遗产服务,文物保护工作者应立足自主创新,为文物保护修复研制性能特别优异的新的文物保护材料,探索、研究、设计新型文物保护设备、工艺、技术,不断提高文物保护水平作出新的创造性的贡献①。

1.2　砖石质文物的分类

　　砖石质文物在全部文物类别中占有极其重要的地位,种类繁多。从我国公布的八批重点文物保护单位的类型来看,砖石类古建筑占据了其中的大部分,石窟寺、摩崖造像、石雕、石刻、石碑、经幢等都是石质文物中的精华,这些石质艺术品,把大自然与人类的生产、生活、社会活动、宗教信仰、风土人情、风俗习惯等完美结合在一起,成为人们研究古代人类社会的政治、经济、生产、生活、文化,特别是古代艺术的珍贵的实物资料。

1.2.1　石质文物的分类

　　石质文物是指一切以天然石头为原料加工的文物,基本上分三大类②。

---

① 王蕙贞:《文物保护学》,文物出版社,2009年,第14-15页。
② 王蕙贞:《文物保护学》,文物出版社,2009年,第14-15页。

1.2.1.1　石质艺术品类文物

石质艺术品类文物在石质文物中占有极其重要的地位，它种类繁多，有石窟寺、摩崖造像、石雕、石刻、石碑等。其中最为精美绝伦的是石窟寺艺术，它是大自然的鬼斧神工和人类辛勤智慧的完美结合。我国境内的丝绸之路沿线就有600多处的大小石窟，其中世界文化遗产1处——敦煌莫高窟，国家级文物保护单位20处。据统计，造像在10尊以上的明代以前的石窟、摩崖造像在全国有百余处。如著名的莫高窟、云冈石窟、龙门石窟、麦积山石窟、大足石刻、炳灵寺石窟等已有千余年的历史，是石窟的珍贵艺术宝库。东汉初年佛教传入我国，但当时影响不大。到了南北朝时期，由于战乱不止，各种矛盾空前尖锐，人民处于战争的灾难之中，希望得到精神上的安抚和寄托，这种特殊的社会背景，为佛教的传播提供了机会。由于统治者的推崇和利用，佛教在中国得以迅速发展，与佛教活动和生活密切相关的石窟寺艺术，由印度北部传入中国西域，进而传入内地。

1.2.1.2　石质建筑类文物

石质建筑类文物是指人类历代遗存或埋藏在地下的有重要历史意义和重要艺术价值的石质建筑物或构筑物。石质建筑类文物包括石质建筑物、石质建筑群及其内部所附属的艺术品，如石质文物建筑中的石洞、石棚、石殿、石桥、石塔、石墙、石阙、石牌坊、石陵墓、石地板、石台级、石墙基、石柱、石柱础、石栏杆等。其中陵墓建筑显示出中国人在掌握着高超的砖石构造技术的同时，对材料的性能和力学有深切的认识。这是一种纪念性的建筑物，从建筑艺术、材料和技术上都反映了地面建筑的水平。帝王陵墓的数量和规模都较大，如北京的明十三陵，陕西的乾陵、顺陵，河南的宋陵等。四川成都的王建墓和山东肥城孝堂山墓祠等墓葬的地下、地上都有石构建筑与石雕。

古建筑庙宇内的各种石刻也很丰富。北京紫禁城内的汉白玉栏杆就有1 000多米长,其他石柱、石狮子、石雕刻不计其数。曲阜孔庙、登封初祖庵等处石柱上的雕刻非常精美。年代较早的石阙、经幢,如河南中岳汉代三阙、四川雅安的高颐阙、平阳府君阙之上的石雕、书法及建筑装饰图案等,是十分珍贵的史料。经幢上也有许多精美的石雕和价值很高的石刻文字,如河北赵县的陀罗尼经幢、云南昆明地藏寺经幢等。石碑刻几乎遍布全国,最著名的有西安碑林、昭陵碑林、陕西药王山碑刻等。

石桥、石塔、石城等常常被看作一种永久性、纪念性的建筑物,所以大都采用砖石来建造,如万里长城、西安和南京的城墙与城门。石塔中现存最早的单层石灰岩质石塔是隋代建造的山东济南的四门塔,雕刻也很精美。福建泉州开元寺的花岗岩双塔也体现了当时的砖石建造技术水平。石桥类有世界上最早的敞肩石拱桥。宋代的晋江安平桥是由363个石桥墩组成的平桥,全长达到了2 200米。

1.2.1.3　石质工具、用具类文物

早在人类历史的初期,人们就开始以岩石为原料,制成各种劳动工具和生活工具。石制品的出现,开始了人类历史发展中漫长的石器时代,直到金属器具出现,石器才逐渐被取而代之。从古代用石材制成的石刀、石斧等简单的劳动工具,逐渐发展到用石材制成石磨、石碾等石质工具,后来又用石材制成石槽、石盆、石碗、石镯、石枕、石棺等生活用品和丧葬用品。在漫长的石器使用过程中,很多石器被遗留了下来。

1.2.2　砖质文物的分类

砖在建筑材料中不仅占有相当重要的位置,而且起着十分

重要的作用。中国古代用砖瓦作为建筑材料的建筑大致分为两类：单体建筑和附属建筑及制品。单体建筑包括城墙、砖塔、砖墓等。附属建筑及制品是以砖作为建筑物中的构件和部位，包括台基、柱础、栏杆、台阶等。

闻名遐迩的万里长城，是从太空观测地球唯一可见的建筑物，这是 2 000 多年前秦政权驱使 30 多万兵士与民工连接秦、赵、燕长城而完成的世界最伟大的一项军事工程，是长达 4 000 多公里的浩大的砖石墙体增筑工程。居庸关段长城即全用砖石包砌，高 8.5 米，底厚 6.5 米，顶宽 5.7 米，内外共建三道城墙。在当时的条件下，能够完成材料的开采、烧制、加工与运输，显示出人们的巨大智慧和力量。

中国本无塔，自从佛教由印度传入中国后，早期的木塔和砖塔随之出现，现存的南北朝时期的砖塔非常稀少，可谓凤毛麟角。登封嵩岳寺砖塔，建于北魏年间，为我国现存最早的砖塔。

1.3　砖石质文物的组成及结构

1.3.1　石质文物的组成及结构

中国幅员辽阔，山地占全国国土面积的 2/3，石材资源丰富，加之石头能够经历时间的长河而不失其自身固有光彩的特点，使其大量出现在世界各地的陵墓、纪念物和其他重要建筑中。中国石质文物十分丰富，形式多姿多彩，而且具有很高的史料和艺术价值。

一般来说，文物建筑石材基本都是从天然岩石中开采而得的毛料或经加工成型的石材。天然石材资源丰富、开采历史悠久、坚固耐用、品种繁多，一般天然石材分为岩浆岩、沉积岩、变质岩三类。因岩石形成的地质条件不同,三类岩石抵抗风化的能力也不同。岩浆岩和变质岩由于在高温、高压条件下形成,其矿物组成在露出地表后一般都很不稳定;而沉积岩则是在地表条件下形成的,其矿物组成比较稳定。所以岩浆岩和变质岩的抵抗风化能力比沉积岩差。各类岩石又因矿物组成、结构、构造、裂隙发育程度不同,抵抗风化的能力也不同。

1.3.1.1　岩浆岩

岩浆岩又称火成岩,是在高温下由熔融的含有硅酸盐和特别稀少的氧化物、硫化物、碳酸盐等的岩浆,受某些地质结构作用的影响,从地壳深处上升冷却和凝结而形成的。岩浆岩通常呈块状结构,大多数情况下具有结晶构造,这些结晶构造多半用肉眼即可辨认(如花岗岩),在岩浆岩的成分中,含有大量的元素及氧化物,与石质文物有关的主要岩浆岩有:花岗岩、闪长岩、辉长岩等。

1.3.1.2　沉积岩

沉积岩是在地表或近地表处,常温常压条件下,由地壳风化剥蚀作用、生物作用或火山作用所提供的一些碎屑物质和溶解物质在原地或外力拌匀后沉积压实而形成的坚固岩石。与石质文物有关的主要沉积岩有:砂质岩、砾岩。

1.3.1.3　变质岩

岩石在地下特定的地质环境中由于物理、化学条件的改变,使其组成成分和结构发生了明显的变化,经过这样的变质作用形成的新岩石称为变质岩。与石质文物相关的主要的变质岩有:石英、长石、云母、大理石等。

1.3.2　砖质文物的组成及结构

砖的原料是砂质黏土或砂土。砖一般是先将泥土用水调和,制成泥坯,然后放入土窑中于1 000℃左右的高温下烧制。高温使泥坯内部颗粒之间由熔化的硅酸盐黏结,大大增强了硬度。黏土砖又分为实心砖和空心砖两种。

作为建筑主要结构材料和填充材料的砖,在历史上展现过它的光彩,从土坯砖开始到逐渐学会利用火烧砖,进而在泥土当中利用添加剂增加砖块的复合性能,一直发展到今天丰富多彩的各种强度、各种型号、各种形状的烧砖。砖作为主要建筑材料,在人类建造活动历史中的应用十分广泛。砖除了用以建筑房屋和地下陵墓外,还雕出精美的花鸟人物作装饰材料,砖的出现,不仅大大提高了房屋、陵墓等建筑的强度,而且使建筑更加美观。中国古代的制砖技术,秦以前尚属稚嫩,秦早期发现的空心砖和铺地砖,造型和纹饰都能看出制砖技术脱胎于制陶技术的痕迹,产量也不大。汉代之后,砖成为商品并用到了城墙等建筑的砌筑上,四川广汉东汉遗址城墙主体用泥土分层夯筑,外部用砖包砌,到明代之后,城墙开始大量用砖作为主要材料,加强了城墙的防御性。

1.3.3　砖石材料的性能

砖和石两种材料在性能上有许多相似之处,而两者最大的区别就在于,石是天然形成的产物,孔隙分布一般比较均匀,砖由人工加工成型,孔隙分布不均匀现象较为突出,内部存在许多较大的孔隙。通过本书选取的砖石质文物样品的SEM图能看出西安明城墙砖样中大孔隙的存在,甚至肉眼就可以观察到许多较大的孔隙。

1.3.3.1　物理性能

砖和石的原材料都直接采自大地,尽管因组成成分不同,物理性能可能会有很大的差别,但它们具有共同的物理性能,主要包括耐火性、耐候性很好，抗压强度较大，可加工性很强等。

1. 耐火性、耐候性：两种材料对于恶劣气候均有较强的抗御能力，无须频繁维护，所以它们可延续上千年，成为古代文化和艺术的见证。耐候性包括膨胀收缩性和耐冻融性两个方面，膨胀收缩性是指材料的热胀冷缩，受热后再冷却不能恢复至原来的体积，而保留一部分成为永久性膨胀。由于两种材料内部均存在缝隙，当砌块被打湿，缝隙中的水分在低温的情况下将结冰膨胀，这种冻融循环可能导致其被破坏，耐冻融性是指在潮湿状态下，能够抵抗冻融而不发生显著破坏的性能。石材的耐冻融性要强于砖，砖自身的耐冻融性差，故在靠近水源的地方需要进行防水防潮的处理。

2. 抗压强度：两种材料的硬度均较大，承压性较好，这是它们常被用作结构材料的主要原因。一些大体积的石材可以依靠垒砌而满足稳定的需要用作石坟或石建筑。

3. 可加工性：两种材料都可以人工加工成为代表永久的砖石质文物，如砖雕的塑像、石碑、石佛、石窟寺等。

1.3.3.2　化学性能

两种材料的化学性能均比较稳定。对于石材而言，即使是硬度最大的花岗石，其组织中仍然有小孔。石质文物裸露于大气中，会发生水化、溶解、酸化、还原以及碳酸盐等化学作用的侵蚀。烧制而成的砖材因为水分侵入内部的小孔而造成冻融循环的破坏。砖石质文物表层含有丰富的文物信息和艺术价值，如果表面被破坏就会造成难以挽回的后果。

1.3.3.3　力学性能

砖和石都具有密度大、坚硬、抗压性较好的特点，一般都能承受诸多外力的破坏，如重力、风力、温度变化、磨损、荷重等，但是砖和石都是脆性材料，所以解决空间跨度方面的能力较为有限。

1.4 国外砖石质文物保护概况

1.4.1 国外砖石质文物保护发展史

世界范围内具有现代意义的科学的文物保护,始于19世纪晚期,起源于石质古建筑的保护[①]。世界各国在文物保护研究方面经历了一个多世纪的不断探索和总结,慢慢形成了一些为国际社会普遍确认的共同原则和方法,他们的经验和教训都为当代中国的文物保护学发展提供了有益的借鉴。意大利率先开始了对文物古迹独特历史价值与艺术价值的审视,一些重要的古迹也开始重建。著名的建筑师阿尔伯蒂在1447年负责重要古迹石建筑恢复工程,1515年意大利人拉菲尔成为世界上第一个以文物保护、文物调查整理为职责的官员。从这时开始,由社会精英知识分子推动的历史文化遗产保护事业逐渐在英国、法国以及意大利等欧洲国家拉开了帷幕,完成了欧洲许多重要文物古迹的保护修复工作。1666年,瑞典的卡尔十二世发出了遗迹保护公告。1721年,葡萄牙的霍奥五世下敕诏,提倡保护历史纪念物[②]。但在18世纪以前,欧洲还没有形成一定的理论和方法。第一个提出用科学的方法修复石质古建筑的是19世纪中叶的法国人杜克,1844年他在对巴黎圣母院进行修复设计的时候提出了"整体修复"砖石古建筑的原则——提倡砖石古建筑修复应保持原有风格,不仅仅在外表上,结构上也要尊重原状。不同的声音和理念来自英国人拉斯金,对古建筑的"修复"即意味着破坏,而且是最彻底的破坏,只能采取加强经常性、日常的保护,修复后的古建筑只不过是个毫无生气的假古董。到

---

① 周双林:《土遗址防风化保护概况》,《中原文物》2003年第6期,第78-83页。

② 田中琢:《文物保护的思想》,《考古与文物》1995年第2期,第86-90页。

1880年,意大利人波依多对古建筑的保护和修缮提出了新的见解,既反对杜克的主张,也反对拉斯金的观点。他认为古建筑的价值是多方面的,要尊重建筑物的现状。20世纪初期,继波依多之后的乔瓦诺尼补充和发展了波依多的理论。以波依多、乔瓦诺尼为代表的理论主要是:古建筑是历史发展的见证,要保护建筑物所蕴含的全部历史信息,包括古建筑的原有环境,对历史上的一切改动或增添的部分都要保护。1888年,世界上第一个化学保护科学实验室在德国皇家博物馆成立了,标志着文物保护从经验、手工向科学化转变[①]。18世纪中叶,英国的古罗马圆形剧场成为欧洲第一个被立法保护的石质古建筑。19世纪中叶,对石质古建筑的保护作为一门专业科学开始了,欧洲的一些国家对石质文物建筑的保护工作开展得较早。1933年国际现代建筑协会制定的第一个获国际公认的城市规划纲领性文件《雅典宪章》提出了对历史建筑的保护。一些石质文物建筑较多的国家如意大利、希腊等,在20世纪40年代就开始进行石构建筑物的修复、清洗以及大理石雕像的修复工作。20世纪,意大利文物修复思想以科学性、客观性和可操作性等特点逐渐成为欧洲古迹保护修复思想与理论的核心。20世纪60年代,通过联合国教科文组织领导下的ICOMOS的努力,以意大利派修复理论与方法为基础的《国际古迹保护与修复宪章》(简称《威尼斯宪章》,*Venice Charter: International Charter for the Conservation and Restoration of Monuments and Sites*)成为世界各国文物古迹保护修复最具权威性的指导性文件,其中"原真性原则(Authenticity)"成为西方建筑遗产保护修复的核心思想。到了20世纪中后期,前后花了两百年时间之后,西方社会

---

① 田中琢:《文物保护的思想》,《考古与文物》1995年第2期,第86-90页。

逐渐形成并完善了他们对历史文化遗产的价值认识。1972年，Vsevolode Romanowsky在La Rochelle召开了第一届石质文物损毁及保护国际研讨会（International Congress on Deterioration and Conservation of Stone）。近二三十年来，全球范围内每年举办的有关砖石质文物保护的学术研讨会层出不穷，国际学术交流非常踊跃，表明砖石质文物保护越来越受到重视。

1.4.2 国外砖石质文物保护的主要研究内容

国外使用化学材料加固保护易碎、断裂、塌落的砖石质文物已有一百多年的历史，而且化学灌浆材料已经在岩石文物的保护中有比较广泛的应用。以欧洲为首的这些国家在近20多年来，砖石质文物的保护技术有很大的发展（表1-1）。意大利国家文物保护中心等单位在20世纪80年代初就对罗马的塔拉耶诺圆柱进行了科学修复，这是一个30多米高、直径近4米的大理石建筑物，表面全是精细的雕刻。为搞清损坏原因，他们采用了近景摄影、超声波、热相仪等多种方法探测，对大气有害成分进行测定，并对石材的各种物理、化学性质进行多项检测。由建筑、考古、测量、地质、物理等10多名专家组成工作组展开有条不紊的工作。总的说来，意、法、德、瑞典、加、日、美等国在测试和分析技术上设备先进，强调保护程序和档案记录。埃及尼罗河上游努比亚地区的阿布·辛姆贝尔神庙，由于阿斯旺水坝的修建，导致神庙需搬迁后移、升高至安全地带。在联合国教科文组织专家的协助下，从1962年开始，至1982年完成，采用机械方法把石体雕像及建筑分切成块搬运，后重新安装起来。此工程规模宏大，耗资超出3 500万美元。狮身人面像（斯芬克斯）严重的风化残破状况经多年细致的环境监测、盐类分析、石质微观研究后，最近已在修复保护。希腊雅典卫城的巴特农神庙,近年来一直在做遗址勘测、病害调查的工作。

表1-1　国际著名的砖石质文物保护研究机构

文物保护研究机构名称	所在国家	简　介
国际古迹遗址理事会(ICOMOS) International Council on Monuments and Sites	波兰	ICOMOS是建筑文化遗产保护的国际权威组织,由ICOM组织发展而来,是古迹遗址保护和修复领域唯一的非政府国际组织,是世界遗产委员会的专业咨询机构。由世界各国文化遗产专业人士组成,现有107个国家委员会,7 000多名团体和个人会员,21个专业委员会。ICCROM四年制的文物保护学校已是世界上著名的国际性文物保护科技人员培训基地。
盖蒂保护研究所(GCI) Getty Conservation Institute	美国	该所曾和中国文物研究所、敦煌研究院有多年的合作,并与国际古迹遗址理事会合作多年。该研究所广泛集合全世界较为先进的保护理念和保护方法,关于砖石质文物保护的成果较多,另外还在油画、纸张的保护方面取得了较大的成绩。通过大量项目合作和短期培训的方式在世界范围内保护了大量的文化古迹,并培养了各个方面的文物保护专业人才。
国际文物修护学会(IIC) International Institute for Conservation of Historic and Artistic Works	英国	IIC出版的*AATA*文摘几乎涵盖了全世界文物保护方面的文献资料。

（续表）

文物保护研究 机构名称	所在 国家	简　介
罗马文物保护修复中心（ICR）Istituto Centrale per il Restauro	意大利	1956年，第九届联合国教科文组织全体大会通过了《国际文物保护修复研究中心章程》。1957年，意大利政府与联合国教科文组织商定国际文物保护修复研究中心设在罗马。设立该中心的目的是收集、发行有关文物保护修复的资料，安排并促进研究工作，援助培养研究人员和技术人员等。同年联合国教科文组织秘书长向会员国发出加入中心的邀请。1958年澳大利亚、多米尼加、西班牙、摩洛哥和波兰5个国家正式加入。章程规定，有5国以上参加该中心即可生效，于是罗马文物保护修复中心正式建立。该中心是以在文物保护修复研究上的国际合作为目的的唯一的政府间组织，凡是联合国教科文组织的成员国均可加入，会费相当于向教科文组织交纳费用的1%。
日本奈良国立文化财研究所	日本	该所是日本政府出资建立的综合性文物保护修复实验室，研究机构庞大，其中保护科学部又设化学研究室，做了大量的工作，曾用红外线测定古建筑墙壁及摩岩表面温度的分布状况，并观察研究内部构造及材质对温度分布的影响。
加拿大保护研究所（CCI）Canadian Conservation Institute	加拿大	CCI每年保护大量文物并接受全国乃至世界范围的保护技术咨询。

　　为防止大面积崩落和石雕的风化损坏,宏大的维修加固工程已被提到议事日程,吸引了许多国家的文物保护专家的关注。印度的石质文物,尤其是与我国相近的石窟寺很多,他们在联合国教科文组织专家的指导下,进行过大量的保护工作,尤其是对海边潮湿含盐水分侵蚀下石质文物的去盐及表面封护材料等方面有其独到之处,目前他们还与意大利文物保护专家合作研究保护埃罗拉及阿健陀石窟。墨西哥的石质文物非常多,尤其是玛雅文化留下的宏伟建筑,近年也在积极加强保护维修。柬埔寨的吴哥遗址是举世闻名的石头城,现已有许多国家组织力量对其抢救保护。在砖石质文物的保护中,多孔性砖石质文物保存最困难的问题之一就是盐类的去除。常用的去除方法和程序是以盐在水中的溶解度为基础的,包括简单浸泡到迫使水从敷涂材料进入文物内部,关于盐类的产生原因和去除方法很多学者进行了研究[1]。

---

　　[1]　Andreas Arnold, "Determination of mineral salts from mouments", *Studies in conservation*, 29(1984): pp.129-138. Moropoulpou A. et al., "Salt and humidity impact on porous stone masonries in marine environment", Panela B. et al., *Materials issues in art and archaeology IV*, Pittsburgh: Materials Research Society, 1995, pp.893-906. Zezza Fulvio, Nuria Garcia Pascua, "Rising damp and soluble salts in the weathering process of biocalcarenites", *Preservation and restoration of cultural heritage*, 1996, pp.161-174. Andreas Arnod, Konvad Zehnder, "Salt weathering on monuments, in XI-XIV century arab ramparts (Granada, Spain)", *Materials and structures*, 32(215)(1999): pp.45-51. Alessandrini, Giovanna, et al, "Partialy fluorinated acrylic copolymers as coatings for calcareous stone materials", *Tradition and innovation: advances in conservation*, IIC, 2000, pp.1-6. Ciardelli F., Aglietto M., Castelvetro V., et al., "Structurally modulated fluoropolymers for conservation of monumental stones: synthesis, stability and applications", Choi, Suckwon ed., *New millennium international forum on conservation of cultural property*, Kongiu, Korea, Kongiu: Institute of Conservation Science for Cultural Heritage, 2000, pp.166-181.

1.5 国内砖石质文物保护研究概况

中国与埃及、希腊、印度同为数千年古国，遗留下来的不同时期的珍贵文物不可胜计。晚清时东西碰撞的时局把中国的文物保护推进到了一个新时期，为了防止文物被掠夺，保护文物、维护民族固有文化遗产已经成为刻不容缓的时代要求，与此同时古器物学应运而生，对人们广泛保存先代遗物提出了要求。在清宣统元年就颁行了对砖石质文物的保护条文——《保护古迹推广章程》，该法对文物的概念和范围即"周秦以来碑碣、石幢、石磬、造像及石刻、古画、摩崖、字迹之类"作了规定，这是我国近代最早的文物保护法[①]，1961年中华人民共和国国务院公布了第一个全面的国家文物保护法规《文物保护管理暂行条例》和第一批全国重点文物保护单位以来，文物保护工作慢慢走上了依法管理和科学保护的道路，条例共18条，主要内容有：规定了与重大历史事件、革命运动和重要人物有关的、具有纪念意义和史料价值的建筑物、遗址、纪念物等，具有历史、艺术、科学价值的古文化遗址、古墓葬、古建筑、石窟寺、石刻……反映各时代社会制度、社会生产和社会生活的代表性实物受国家保护。规定了分级公布文物保护单位。规定了在古建筑、石窟寺等（包括建筑物的附属物）进行修缮、保养的时候，必须遵守恢复原状或者保存现状的原则。规定了文物保护单位中的古建筑，纪念建筑除可以建立博物馆、保管所或辟为参观游览场所外，作其他用途应经批准。文物保护单位的使用单位要严格遵守不改变文物原状的原则。与此同时各地文博单位也相继建立了文物保护实验室。1982年，《中华人民共和国文物保护法》公布实施，

---

① 陈岱：《我国近代最早的文物保护法》，《人民政坛》1996年第12期。

从此文物工作有法可依。《中华人民共和国文物保护法》指出，古文化遗址、古墓葬、古建筑、石窟寺、石刻、壁画、近代现代重要史迹和代表性建筑为不可移动文物。本书的研究对象石质文物和砖瓦类文物都属于不可移动文物，这些遗迹一般体积较大，不能或不宜整体移动，不能像馆藏文物那样，可以收藏于馆内，并轻易移动。砖石质文物保护科学是文物保护科学的一个重要分支，目前并没有形成完整的理论体系，其研究对象是砖石质文物，研究的内容和方法有自己的特点。1985年11月全国人大常委会批准了我国参加联合国教科文组织《世界文化与自然遗产保护公约》(Convention Concerning the Protection of the World Cultural and Natural Heritage)，使我国成为世界遗产委员会的重要成员，中国的文物保护理念逐渐开始吸取外国的经验。

自1987年以来，我国列入《世界文化遗产名录》的遗址多达三十余处，其中相当一部分涉及石质文物，如泰山的石刻和甘肃敦煌石窟在1987年列入《世界文化遗产名录》，重庆大足石刻在1999年列入《世界文化遗产名录》，河南洛阳龙门石窟在2000年列入《世界文化遗产名录》，山西大同云冈石窟在2001年列入《世界文化遗产名录》，这些都是砖石质文物的著名代表。中国有大量的砖石质文物古迹，形象地记载着中华民族形成发展的进程，它们不但是认识历史的证据，也是促进民族文化可持续发展的基础。随着社会发展，对单一文物的认识逐步深化，随着科学技术和先进测试手段的提高，文物自身固有的历史、艺术和科学价值会不断地被后人所认识，也可能推翻我们原来的认识。因此，我们应该将文物完整地保存下来，以便将来进行科学研究和应用。

2002年《中国文物古迹保护准则》的编定，标志着文物保护技术已步入科学化和规范化的轨道，也标志着中国的古遗址和古建筑保护理念开始走向成熟。

近年来国际学术交流活动在中国比较活跃,如联合国教科文组织委托中国文物保护技术协会和博物馆学会于1986年在北京召开的"亚洲地区文物保护技术研讨会",有10个国家的学者参加,其中中国学者提交的有关石质文物保护的论文有6篇。1988年在希腊召开的工程地质与古建筑、遗址的保护学术研讨会上,中国学者提交的岩土文物建筑及环境保护论文有10余篇。1989年国家文物局与美国盖蒂基金会文物保护研究所共同研究保护敦煌莫高窟和云冈石窟的合作项目,在三年半的时间内完成对两处洞窟气象、内外环境的监测,莫高窟顶沙漠的治理,云冈石窟煤尘污染的监测以及窟顶防渗排水的实验等。此外,还举办了一期石窟遗址管理培训班和"丝绸之路上古遗址的保护"国际会议。此项合作不仅培养了中国文物保护的高级人才,还在壁画保护及监测方法、资料信息处理现代化等方面取得了很大成功。由陕西省文物局与德国研技部主持,陕西文物保护中心、秦俑博物馆与德国巴伐利亚州文物局合作研究的郴县大佛寺石窟加固与防风化保护及兵马俑色彩保护项目也在有计划地进行。近年来,国内比较活跃的砖石质文物保护研究机构见表1-2。

表1-2 国内著名砖石质文物保护研究机构

文物保护研究机构名称	所在城市	简 介
西安文物保护修复中心	西安	该中心是我国和意大利合作,参照意大利文化遗产部罗马修复中心模式建成的一个融文物保护科学研究、文物修复、档案汇集于一体的综合性文物保护修复研究机构。下设有古代建筑研究所。

（续表）

文物保护研究 机构名称	所在 城市	简　　介
南京航空航天大学材料科学与技术学院文物保护材料研究所	南京	南京航空航天大学文物保护材料研究所设在材料科学与技术学院，是以文物保护为目标，研究开发和生产各种适用于文物保护的专用材料及其使用工艺的研究单位。对国内文物保护所用的材料进行必要的分析和鉴定；同时，本着修旧如旧、保持文物原貌的原则，承接石刻、砖雕、木质、织物、纸张、青铜等各种文物加固、维修、保护工程。
浙江大学	浙江	该实验室隶属于浙江大学化学系物理化学研究所，负责人为物理化学研究所所长、博士生导师张秉坚教授，主要研究各类文物，特别是石土质文物腐蚀破坏的机理，以及维修保护的应用技术。在研究文物保存技术的基础上，该研究室同时开展了与装饰石材相关的化学技术研究，包括石材的清洗、翻新、防护与着色等技术的研究。
中国文化遗产研究院	北京	中国文物研究所成立于1949年，为国家文物局所属的研究单位。该机构以应用研究为主，利用现代科技、结合传统工艺，对中国古建筑、石窟寺以及各种不同质地、不同类型的出土文物、馆藏文物的科学保护进行研究；负责全国重点文物古迹、古建筑、石窟寺的勘测设计和施工技术指导等。
故宫博物院	北京	故宫博物院建立于1925年，是在明朝、清朝两代皇宫及其收藏的基础上建立起来的中国综合性博物馆，也是中国最大的古代文化艺术博物馆。

（续表）

文物保护研究 机构名称	所在 城市	简 介
敦煌研究院文物 保护研究所	敦煌	该单位是我国成立较早、设备好、技术力量强的一所以石窟、壁画、古遗址的保护修复研究为主的科研机构，2004年被确定为古代壁画保护国家文物局重点科研基地。国家古代壁画保护工程技术中心对石质文物的病变、病变机理、保护理论、保护方法、保护材料进行了长期、深入的研究，获得了突破性的进展。
砖石质文物保护 国家文物局重点 科研基地	西安	该基地是由西安文物保护修复中心、西北大学、陕西省考古研究院设立的重点科研基地。

现阶段国内对于砖石质文物的主要研究方向是尽可能保留受损部位历史材料的原状，依托现代化学基础采用新材料对其进行处理，一般就是使用聚合物以稀溶液的形式渗入砖石内部的孔隙或由于风化引起的文物损坏部位。现阶段对于砖石质文物防风化材料的筛选和研制改性是国内该领域的热点[①]，试图研制出一种新的环保型石质文物防风化剂[②]，模拟生物矿化中无机物在有机物调制下的形成过程的合成技术即仿生合成，也

---

① 张可、詹长法：《桑诺克材料在石质文物保护修复中的应用》，《文物科技研究（第二辑）》，2004年，第131-135页。彭程等：《硅丙乳液共聚涂料对石质文物保护的应用研究》，《上海涂料》2006年第11期，第12-15页。栾晓霞等：《改性水性环氧树脂乳液对石质文物的保护效果》，《腐蚀与防护》2008年第8期，第451-453页。

② 邵高峰：《环保型石质文物防风化剂的制备及性能研究》，北京化工大学硕士学位论文，2007年。

是国内的主要研究方向[①]。

1.6 潮湿环境下砖石质文物的主要病害特点

潮湿环境下砖石质文物的风化除了受砖石本身的组成、性质、结构、保存状况等内部因素影响之外，还受大气中有害气体、尘埃、酸雨、可溶盐等化学因素影响，水、温湿度骤变、风沙、岩石孔隙中盐的结晶与潮解等物理因素以及菌类、苔藓、藻类等生物因素的影响。文物保护的目的就是采取各种措施延缓或阻止文物劣变的过程，这既可以通过改变文物的保存环境、微环境来实现，也可以通过对砖石直接进行处理，如在砖石质文物表面使用合适的保护材料来实现。对于大型露天石质文物来说，前者应该作为日常保护和维护的重要工作内容，可以搭建保护棚架、修建排水治理系统、治理构造裂隙和软弱夹层部位渗漏水、治理顶部裂隙渗水等手段来减缓水害对石质文物的破坏程度。

砖石质文物（如砖质建筑、古砖塔、古城墙等）的建筑材料多是由土坯经过人工高温烧制而成的。砖在烧制过程中，会产生不均匀分布的孔隙，且孔隙尺寸较大，属于多孔类文物（porous materials），多孔类文物的结构特性如孔隙度、膨胀系数和吸水系数等都比较大，极易受到外界自然因素的破坏。风化既包括物理现象，也包括化学现象，化学风化和物理风化协同进行。处于潮湿环境下的砖石质文物暴露在自然环境中，受

---

① 洪坤等：《仿生无机材料在石质文物保护中的应用》，《材料科学与工程学报》2002年第6期，第948-950页。张秉坚等：《草酸钙生物矿化膜的形成机理和化学仿制——一种新型石质文物表面防护材料的开发研究》，《矿物学报》2001年第3期。

到各种形态的水、微生物、有害气体等风化因素的影响，会产生不同程度的风化状况。位于潮湿环境下的砖石类的文物易受风化影响而外观颜色变深、表皮粉化脱落、出现细小裂缝，甚至造成文物建筑的力学强度降低。

潮湿环境砖石质文物的风化（deterioration），实际上是文物随着矿物间无序度的增加而增加的过程，在潮湿的外界条件下，原来的矿物重新结晶成更稳定的形式。砖石质文物表面就会明显地反映出这类现象，最明显的就是装饰性雕刻的表面。在我们着手解决砖石质文物的风化问题之前，有必要了解风化产生的原因。一般来说，砖石质文物风化的原因有自然因素和社会因素两个方面，自然因素对砖石质文物的损毁又分为两大类，即突变性剧烈损毁与渐变性侵蚀损毁。前者如地壳运动、地震、火灾、洪水、台风等自然灾害，后者如风吹雨淋日晒、温湿度骤变、有害气体、粉尘、紫外线照射、可溶盐的破坏、生物的生长繁殖等自然现象，都会导致文物自身风化而受到损毁，使文物原有的社会属性逐渐消失。风化过程除了文物自身因素外，也是文物所处环境的复杂函数，可以用以下通式表示：

$$m=\Phi(i,e)$$

m：砖石质文物风化；i：文物内在自身因素，是文物固有的性能；e：文物材料外部因素，主要与环境有关。其中：

$$i=\Phi(n,s,T)$$

n：砖石质文物的矿物组成；s：风化因素作用的自由面积；T：地质年代。

$$e=f(T,Hr,P,Ph,Eh,I,gm,b...)$$

T：空气温度；Hr：空气湿度；P：大气压力；Ph：氢势能；Eh：氧化还原能；I：雨水径流；gm：化学淋洗作用；b：生物化学及生物物理作用[1]。

通常来说，大气污染、可溶盐和生物危害是砖石质文物风化的最主要因素[2]。

1.6.1　潮湿环境下大气中有害气体对砖石质文物的风化破坏

据联合国卫生署统计，全世界每年有 10 亿吨以上有害气体排入大气，这种趋势有增无减。

1. 空气中氮、硫、碳氧化物的腐蚀

氮的氧化物有害气体：NO、NO_2、N_2O_5；

硫的氧化物有害气体：SO_2、SO_3；

碳的氧化物有害气体：CO_2、CO。

这些氧化物气体极易在各种石质文物表面，特别是露天石质文物表面遇到空气中的水蒸气而形成无机酸腐蚀石质文物。

$$NO+O_2\,(空气中) \longrightarrow NO_2 \xrightarrow{H_2O} HNO_3$$

$$NO_2+H_2O \longrightarrow HNO_3$$

$$SO_2+H_2O \longrightarrow H_2SO_3 \xrightarrow{O_2\,(空气中)} H_2SO_4$$

$$SO_3+H_2O \longrightarrow H_2SO_4$$

$$CO+O_2\,(空气中) \longrightarrow CO_2 \xrightarrow{H_2O} H_2CO_3$$

$$CO_2+H_2O \longrightarrow H_2CO_3$$

这些无机酸对石质文物的腐蚀（特别是对以碳酸钙为主的

---

[1]　和玲：《含氟聚合物及其对文物的保护研究》，西北工业大学博士学位论文，2002 年。

[2]　*Stone conservation, an overview of current research*, The Getty Conservation Institute, 2002.

石材如大理石、汉白玉)是十分严重的,通过电子探针、X射线衍射、质谱等分析手段对石质腐蚀产物分析证实,其风化的主要产物是$Ca(NO_3)_2$、$CaSO_4 \cdot 2H_2O$、$Ca(HCO_3)_2$。以硅酸盐为主的石材如花岗岩,其主要成分是长石,腐蚀产物主要是高岭土$Ai_2Si_2O_5(OH)_4$,腐蚀风化机理可简单分述如下。

① SO_2、SO_3使石质文物风化机理

$$CaCO_3 + SO_2 + H_2O \longrightarrow CaSO_3 \xrightarrow[2H_2O]{O_2(空气中)} CaSO_4 2H_2O$$

大气尘埃中的金属氧化物、高温、高湿在风化过程中起催化作用。腐蚀产物硫酸钙不仅比碳酸钙溶解度大,且能产生水合作用,使石质文物体积膨胀、硬度降低,加之雨水或岩石中水的冲刷,使石质文物表面形成的硫酸钙溶解而产生条痕,使石质文物表面的细部形成粉状落脱。

② CO、CO_2使石质文物风化机理

$$CaCO_3 + CO_2 + H_2O \longrightarrow Ca(HCO_3)_2$$

一氧化碳在空气中氧化为二氧化碳,使以碳酸钙为主的大理石、汉白玉,在二氧化碳和水的作用下转化为易溶的$Ca(HCO_3)_2$,在干燥时结晶,产生压力使石质文物开裂产生裂隙,遇潮结晶又重新溶解,如此长期反复变化,使石质文物不断风化。

二氧化碳使以硅酸盐$K(AISi_3O_8)$(长石)为主的花岗岩形成碳酸盐和高岭土。

$$2K(AISi_3O_8) + CO_2 + 2H_2O \longrightarrow AI_2Si_2O_5(OH)_4 + K_2CO_3 + SiO_2$$

长石	高岭土	可溶盐	呈颗粒
	残留原地	呈离子态流失	态流失

K_2CO_3 流失，SiO_2 被水带走，只剩下松软的高岭土，因而花岗岩质地变松软。

③ NO、NO_2 使石质文物风化机理

NO 在空气中遇氧很快变成 NO_2，再遇空气中水蒸气，在石质文物表面形成腐蚀性很强的硝酸，使石材中不溶于水的 $CaCO_3$ 转变为可溶性的硝酸钙随水流失，其转变的化学反应如下：

$$CaCO_3 + 2HNO_3 \longrightarrow Ca(NO_3)_2 + H_2CO_3$$
$$\qquad\qquad\qquad\qquad\qquad \longrightarrow CO_2 \uparrow + H_2O$$

2. 空气中有害氢化物气体的腐蚀

空气中有害氢化物气体主要是氯化氢和硫化氢。

① 氯化氢（HCl）对石质文物的腐蚀

$$CaCO_3 + 2HCl \longrightarrow CaCl_2 + H_2CO_3$$

不溶于水　　　　　　易溶于水　　$\longrightarrow CO_2 \uparrow + H_2O$
　　　　　　　　　　随水流失

HCl 使石质中的 $CaSiO_3$、$K(AlSi_3O_8)$（长石）也发生复分解反应：

$$CaSiO_3 + 2HCl \longrightarrow CaCl_2 + H_2SiO_3$$
$$\qquad\qquad\qquad\qquad\qquad \longrightarrow SiO_2 + H_2O$$

这些在石质文物表面的复分解反应，使石质文物表面酥粉、脱落、剥蚀。

② 硫化氢（H_2S）有害气体对石质文物的腐蚀

大多数石质文物中都含有一些金属元素及其化合物，如石质中若有 Fe^{2+} 的化合物，遇到 H_2S 后就会产生黑色的 FeS，其反

应如下：

$$Fe^{2+} + H_2S \longrightarrow FeS + 2H^+$$
黑色

如果石刻有色彩，H_2S 还会和红色铅丹（Pb_3O_4）和白色铅白（PbO），生成黑色 PbS。

$$Pb_3O_4 + H_2S \longrightarrow PbS + H_2O$$
红色　　　　　　　黑色

$$PbO + H_2S \longrightarrow PbS + H_2O$$
白色　　　　　黑色

3. 空中死神——酸雨对露天石质文物的侵蚀危害

酸雨是一个无省界、国界，波及范围不断扩大，危害越来越严重的空中"死神"。酸雨对露天石质文物的腐蚀破坏特别严重，特别是对露天石碑、石人、石马、墓葬外的石质镇墓兽、古代建筑中的石材、石窟寺的围崖等的腐蚀破坏尤为严重，使石质文物表面严重风化、酥粉、开裂、剥落。酸雨即酸性的雨或者被酸化的雨水，是 pH 值小于 5.4-5.6 的雨水。酸雨中含有硫酸、盐酸、有机酸等酸性物质，成分很复杂，含有可溶性物质和非可溶性物质，主要离子组成为：H^+、NH_4^+、K^+、Na^+、Ca^+、Mg^+、SO_4^{2-}、NO_3^-、Cl^-、HCO_3^-。

1.6.2　潮湿环境下可溶盐对砖石质文物的风化破坏

潮湿的空气和可溶盐对砖石质文物的破坏严重而复杂，既有可溶盐的化学作用破坏，又有可溶盐的物理作用破坏。可溶盐（soluble salts）对砖石质文物的风化作用甚至比水更为突出。盐的存在形式以碳酸盐、氯化物、硫酸盐、硝酸盐及铁的氧化物等最为常见。盐以多种方式发挥作用,主要为结晶、水解、热膨胀及渗透的形式。温湿度的变化会引起盐的反复结晶和一天内几次膨胀与收缩,给文物带来机械性破坏。

1. 可溶盐结晶与潮解对砖石质文物的破坏

砖石质文物内盐的结晶和潮解对砖石的破坏作用很大,当温度升高时,岩石空隙中的水分会不断蒸发,使毛细孔隙中的盐分增大,浓度增大,当达到饱和浓度时,盐分就会结晶,而结晶时体积增大,对周围岩产生压力,形成新的裂隙。当气温降低时,盐分从大气中吸收水分而使盐溶解变成盐溶液,渗入岩体内部,并将入渗沿途的盐溶解,渗到新生的裂隙中。如此反复进行,使石质文物中的裂隙不断扩大,强度不断降低。

2. 可溶盐晶变对砖石质文物的破坏

可溶盐的结晶变化对砖石产生的破坏不容忽视,因为许多可溶盐类都有不同的结晶状态。以大足石刻为例,石膏($CaSO_4$)在浅表层聚集的硫酸盐中比例最大,当气温达到40℃时,气温对砖石的有效影响范围可深达10厘米。气温差可促使石膏与硬石膏之间发生周期性变化。当硬石膏变成石膏时体积增大31%,并产生10 kg/cm^{2}的压力,使联结较弱的砖石产生胀裂。

3. 可溶盐在砖石质文物上的分布情况

湿度较低的干燥环境下,溶解度很小的盐沉积在文物表面,而溶解度较大的盐仍以溶液的形式存在,这些盐更容易吸水,是吸湿性的盐,使文物表面潮湿灰暗。Arnold和Zehnder曾对可溶盐在砂岩建筑表面的垂直分布带做了检测分析,结果表明,盐从地表上移,并根据自身的溶解度沉积。他们将垂直分布带依次分为A-D四个带:A带的可溶盐结晶较少;B

带最多,是风化的主要区域;C带的吸湿盐使表面潮湿,低溶解度的盐在离地面较近的地方首先析出,高溶解度的盐迁移到较高部位,形成潮湿带;D带保存较好[①]。这样的测试结果也符合我们在大足宝顶山可溶盐较为集中的"释迦涅槃圣迹图"南柱上不同高度采取的可溶盐样用X射线衍射分析得到的结果(表1-3)。通过其可溶盐的成分以及在文物上的分布梯度可以看出,溶解度大的钠盐的含量从低处到高处逐渐增加,而溶解度小的钙盐的含量从低处到高处逐渐减小。这就证明了该处石质文物内部可溶盐迁移的方向是从下向上,在水分不断蒸发时溶解度小的钙盐先析出,溶解度大的钠盐浓积于溶液中继续迁移上升,结晶按溶度大小依次析出,形成规律的分布梯度。

表1-3　大足石刻"释迦涅槃圣迹图"南柱上不同高度可溶盐的分布梯度

样品号	取样高度/cm	可溶盐的组成及化学式	物质的质量分数/%	ω (Na_2SO_4) /%
南1[#]	55-70	$\alpha—Na_2SO_4$、$\beta—Na_2SO_4$ $CaSO_4 \cdot 2H_2O$、$Na_4Ca(SO_4)_3 \cdot$ $2H_2O$、$CaSO_4 \cdot 0.5H_2O$ $Na_2Ca_5(SO_4)_6 \cdot 3H_2O$、$Ca_2$ $(SO_4)_2 \cdot 2H_2O$		80以上
南2[#]	95-105	$\alpha—Na_2SO_4$ $\beta—Na_2SO_4$ $Na_4Ca(SO_4)_3 \cdot 2H_2O$ $Na_4Ca_5(SO_4)_6 \cdot 3H_2O$	66.8 14.6 18.6	81.4

① 和玲:《含氟聚合物及其对文物的保护研究》,西北工业大学博士学位论文,2002年。

（续表）

样品号	取样高度 /cm	可溶盐的组成及化学式	物质的质量分数 /%	ω (Na_2SO_4) /%
南3#	120 - 130	α—Na_2SO_4 β—Na_2SO_4 $Na_4Ca(SO_4)_3 \cdot 2H_2O$ $Na_2Ca_5(SO_4)_6 \cdot 3H_2O$ $CaSO_4 \cdot 5H_2O$	47.5 39.5 6 7	87
南4#	155 - 160	α—Na_2SO_4 β—Na_2SO_4 $Na_4Ca(SO_4)_3 \cdot Na_2Ca_5(SO_2)_6$	70.4 27.1 2.5	97

　　砖石质文物上可溶盐的形成，主要来源于砖石质文物本身原材料和外界环境。可溶盐主要来源于空气中的有害气体、尘土和灰尘、潮湿环境下的土壤、海边含有可溶盐的风以及不恰当的清洗试剂等。砖石质文物上可溶盐基本上以四种途径形成。

　　1. 地下水或地表水源可溶盐的析出。

　　地下水中含有 K^+、Na^+、Ca^{2+}、Mg^+、SO_4^{2-}、NO_3^-、Cl^-、HCO_3^-，在毛细吸提作用下，随着砖石质文物表面水分的蒸发，渗入砖石深处的盐溶液受毛细管作用而上升，随着温度的变化析出结晶。

　　2. 空气污染，粉尘中的 SO_2、NO_2、CO_2 及尘土等。

　　3. 不当的修复材料或不当的保护试剂，如水玻璃 Na_2SiO_3、K_2SiO_3。以大足石刻为例，砖石质文物建筑修补常用的水泥就是可溶盐的引入源头。水泥中含有的硬化剂 $Na_2O \cdot nSiO_2$ 在环境水中发生下列反应：

$$Na_2O \cdot nSiO_2 + CO_2 + 2nH_2O \longrightarrow Na_2CO_3 + nSiO_2$$

$$Na_2CO_3 + SO_3 + 10H_2O \longrightarrow Na_2SO_4 \cdot 10H_2O + CO_2 \uparrow$$

水泥硬化后产生的$Ca(OH)_2$、$CaSiO_3$及$nCaO \cdot mAl_2O_3$的水合物,与含SO_4^{2-}较高的环境水发生下列化学反应:

$$mCaO \cdot mSiO_2 + nH_2SO_4 + H_2O \longrightarrow nCaSO_4 + mSi(OH)_4$$
$$nCaO \cdot mAl_2O_3 + nH_2SO_4 + H_2O \longrightarrow nCaSO_4 + mAl(OH)_3$$

4. 多孔质文物本身含有一些水溶性的盐分,这些盐分多数以不可见的方式在孔隙内活动。

1.6.3　潮湿环境下生物和微生物对砖石质文物的风化破坏

微生物在潮湿环境下对砖石质文物的腐蚀起着至关重要的作用,大量研究证明,微生物破坏砖石质文物主要通过影响外观和砖石本体结构两个方面体现。微生物生长繁殖的代谢过程中产生的色素和代谢产物会在石材表面形成致密的菌膜和色斑,影响石材的外观,石质文物附着的微生物膜的形成和演变见图1-1。微生物代谢过程中还会产生有机酸和无机酸,会与大理石或石灰石材质的石质文物中的碳酸钙发生反应,造成石材本体钙离子的迁移,然后在表面形成结壳。总之,微生物可以通过生物细胞体的代谢活性和生物矿化能力造成石头外观、物理和化学性质的改变。

另外,对于石质文物来说,生物降解现象会导致石质文物产生机械损伤(断裂和力学强度下降)[1],化学性质改变(与生物

① M.E. Young, H.L. Alakomi, I. Fortune, A.A. Gorbushina, W.E. Krumbein, I. Maxwell, C. McCullagh, P. Robertson, M. Saarela, J. Valero, M. Vendrell, "Development of a biocidal treatment regime to inhibit biological growths on cultural heritage: BIODAM", *Environ. Geol.*, 56(34)(2008): pp.631-641. H. Meng, Y. Katayama, J.D. Gu, "More wide occurrence and dominance of ammonia-oxidizing archaea than bacteria at three Angkor sandstone temples of Bayon, Phnom Krom and Wat Athvea in Cambodia", *Int. Biodeter. Biodegr.* 117(2017): pp.78-88. D. Pinna, B. Salvadori, M. Galeotti, "Monitoring the performance of innovative and traditional biocides mixed with consolidants and water-repellents for the prevention of biological growth on stone", *Sci. Total Environ.* 423(2012): pp.132-141.

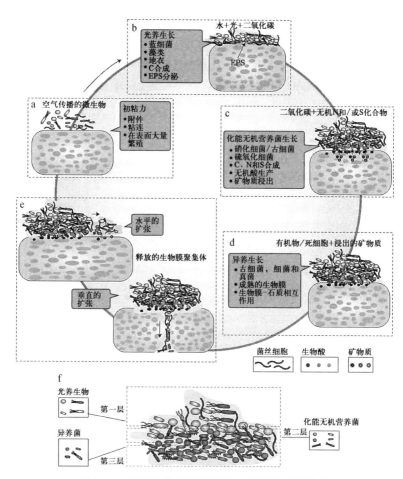

图1-1 石质文物附着的微生物膜的形成和演变

a.空气中传播的微生物孢子 b.光养生物在水、光和二氧化碳环境中生长
c.化能无机营养体在水、二氧化碳、硫化物和氮化物污染物中的生长
d.异养生物利用自养生物代谢产物和矿物质浸出
e.微生物膜聚集体进一步侵蚀石材 f.微生物膜聚集体的结构

代谢产生的分泌物的反应导致），再到美学损伤（产生生物氧化膜和结壳）[1]，而这些对石材产生的损害和改变都因其表面繁殖的生物种类（细菌、真菌、地衣、苔藓和高等植物）不同而程度不同（表1-4）。但在某些情况下，已经有明确的证据证明生物生长对石质文物具有保护作用，当石质文物表面生长的微生物群落发挥庇护作用时，会对更具侵略性的生物产生抑制作用。因此，在制定石质文物生物风化的保护处理措施前，要视具体情况决定是否要人为干预，清除生物菌落。

对于生物风化的保护措施，一般分为直接措施和间接措施。直接措施包括物理机械清除和化学试剂的防治，可能对石质文物本体造成不可预测的影响，清洗材料和高分子聚合封护剂会为微生物提供生长必需的碳源和氮源，促进微生物的生长繁殖。间接措施，即通过调节不利于生物生长的环境条件来减少生物风化，这也是预防性保护和日常养护的主要措施和方法。然而，在地下洞穴和室外潮湿环境中使用间接措施是不可行的。在具体文物保护活动中，间接措施也需要与直接措施互相配合，即用物理或化学试剂清除现有的生物群落[2]。其中，生物杀菌剂是一种能够杀死生物群落的有效方法，虽然欧盟的数据库表示，商业和传统生物杀菌剂可能会对人类健康和环境构

---

[1] G. Caneva, M.P. Nugari, O. Salvadori, *Plant biology for cultural heritage: biodeterioration and conservation*, Los Angeles, CA: The Getty Conservation Institute, 2008. O. Salvadori, A.L Casanova Municchia, "The role of fungi and lichens in the biodeterioration of stone monuments", *Open Conf. Proc.*, 7(1)(2016): pp.39-54.

[2] C. Urzì, F. De Leo, L. Bruno, L. Krakova, D. Pangallo, P. Albertano, "How to control biodeterioration of cultural heritage: An integrated methodological approach for the diagnosis and treatment of affected monuments", Thessaloniki, Greece, *Proceedings of the Symposium on Works of Art and Conservation Science Today*, 2010.

表 1-4　世界范围内生物风化类型诊断和石质文物建筑保护策略（节选）

石质文物建筑	石材类型	所处环境特点	生物风化	文物保护措施
奥地利圣凯瑟琳教堂①	大理石	地中海气候，有雨、有风，有酒窖中蒸发的酒分子有机物输出	真菌和放线菌导致的石材表面变色、变黑	空气污染物控制；用杀菌剂生物干预
德国圣马丁教堂②	大理石	地中海气候，有雨、有风，有昆虫蜕皮和粪便	真菌和放线菌导致的石材表面变色、变黑	表面清理；微生物剂，灭杀剂进行生物干预
意大利米兰大教堂③	大理石	地中海气候，降雨，有风，高空气污染	由黑真菌形成的石膏结壳，绿黑色铜绿、蓝藻和细菌	绿色可燃物或能源控制有害气体
葡萄牙热罗尼姆斯修道院	石灰岩	地中海气候，降雨，有风	蓝藻细菌和地衣附着导致的变色和变黑	灭微生物剂进行杀菌干预（例如双氯酚R80）

①　Dornieden, T., Gorbushina, A., Krumbein, W. "Biodecay of cultural heritage as a space/time-related ecological situation—an evaluation of a series of studies", Int. Biodeterior. Biodegrad., 46 (2000): pp.261–270.

②　Dornieden, T., Gorbushina, A., Krumbein, W. "Biodecay of cultural heritage as a space/time-related ecological situation—an evaluation of a series of studies", Int. Biodeterior. Biodegrad., 46 (2000): pp.261–270.

③　Cappitelli, F., Principi, P., Pedrazzani, R., Toniolo, L., Sorlini, C. "Bacterial and fungal deterioration of the Milan Cathedral marble treated with protective synthetic resins", Sci. Total Environ., 385(2007): pp.172–181.

（续表）

石质文物建筑	石材类型	所处环境特点	生物风化	文物保护措施
法国卢瓦尔河城堡①	石灰岩	海洋性气候、有风、高孔隙，对温度和水敏感	剥落，裂纹，铜绿，盐结晶，保湿	疏水性防护剂成成防水层
土耳其埃尔祖鲁姆清真寺城堡②	石灰岩	半干燥草原气候，高湿度，来自冬季煤炭燃烧和交通运输空气污染中的 SO_2、NOx 和颗粒物	异养微生物附着生长导致的酸性结壳、黑色结壳、石膏结壳	通过绿色可燃物控制所在地区的空气污染
美国坎德拉里亚教堂③	花岗岩	现代都市的空气污染，亚热带气候，城市交通污染	厌氧嗜盐微生物生长繁殖导致花岗岩矿质的渗透和溶解，蓝藻附着产生的石膏沉积	空气污染的控制；生物杀菌剂对其进行保护干预

---

① Beck, K., Al-Mukhtar, M., Rozenbaum, O., Rautureau, M., "Characterization, water transfer properties and deterioration in tuffeau: building material in the Loire valley—France", *Build. Environ.*, 38(2003): pp.1151−1162.

② Nuhoglu, Y. et al. "The accelerating effects of the microorganisms on biodeterioration of stone monuments under air pollution and continental-cold climatic conditions in Erzurum, Turkey", *Sci. Total Environ.*, 364(2006): pp.272−283.

③ Gaylarde, C. et al. "Epilithic and endolithic microorganisms and deterioration on stone church facades subject to urban pollution in a sub-tropical climate", *Biofouling*, 33(2017): pp.113−127.

（续表）

石质文物建筑	石材类型	所处环境特点	生物风化	文物保护措施
埃及吉萨大金字塔①	砂岩	阳光充足干燥的气候，垃圾、矿物燃料和城市污水排水系统产生的空气污染	石材表面着色、点蚀，细菌和蓝藻细菌附着产生的生物膜	表面物理机械性清除，使用杀菌剂生物干预
西班牙赫罗尼莫修道院②	碳酸盐石质	炎热夏天的地中海气候，现代工业城市污染，空气污染	盐析风化，表面点蚀，扭曲变形	微生物诱导形成的碳酸钙沉淀和微生物代谢产生的纤维状物质的保护封护层

① Pochon, J., Tardieux, P., Lajudie, J., Charpentier, M., "Degradation des temples d'Angkor et processus biologiques", *Ann. Inst. Pasteur*, 98(1960): pp.457−461.

② Jroundi, F. et al. "Protection and consolidation of stone heritage by self-inoculation with indigenous carbonatogenic bacterial communities", *Nat. Commun.*, 8(2017): p.279.

成威胁,但至今仍然是最常用的解决方案[①]。与此同时,来自各种微生物和生物体的天然杀菌剂比传统的生物杀菌剂更安全,很多研究者也开展了更为广泛的研究,目的是寻求比传统生物杀菌剂更为友好的方法。

1.7 潮湿环境下砖石质文物 保护研究的迫切性

处于露天潮湿环境中的砖石质文物遗存,受到各种形态的水、微生物、有害气体等风化因素的影响,具有一些共同的风化类型。通过前面对于潮湿环境下砖石质文物的风化特点和影响因素的探讨,了解到潮湿环境下的砖石质文物的风化(weathering)相对应有物理风化(physical weathering)、化学风化(chemical weathering)和生物风化(biological weathering)。其中水害是引起砖石质文物风化等损害的最主要因素,多种病害都是由于水的参与而产生或加剧,水(包括雨水、地下毛细水等)起着主导破坏作用,水的冻结,盐类的溶解与迁移,水与气态的氧气、二氧化碳、二氧化硫等共同进行水化、氧化、还原、碳酸化,生物风化等,都与水直接有关。地面水、地下水,加之温暖湿润的环境使砖石质文物表面滋生许多有害微生物。砖石质文物的表层是风化营力最容易直接侵袭作用的部位,风化破坏总是由表及里、由点到面、由弱变强地进行着[②]。这种风化病害对于曾经近距离观察过古建筑的人来说并不陌生,世界文化遗

---

① D. Pinna, *Coping with Biological Growth on Stone Heritage Objects: Methods, Products, Applications, and Perspectives*, Waretown, NJ: Apple Academic Press, 2017.

② 汪东云、刘东燕、张赞勋:《摩岩石刻文物保护防风化研究现状及深化方向》,《重庆建筑大学学报》1997年第2期,第106-112页。

产中砖石质文物占有很大比例,而它们正处于消失中。近现代工业化发展所带来的环境污染,加速了文物风化的速度:希腊雅典卫城内巴特农神庙的雅典娜女神像已经被酸和盐腐蚀成麻麻点点的洞穴。20世纪50年代初期河北定兴北齐石柱上的精美雕刻和文字都清晰可见,但到了90年代已模糊不清。通过北京故宫太和门汉白玉凤凰望柱1923年与1985年的对比照片可见,原来清晰的雕刻花纹现已因风化面目全非,手触掉粉末,风化剥蚀深度达10-20毫米。1189年兴建的北京卢沟桥,桥上石雕狮子三分之一残缺不全,有的依稀可见大致轮廓,有的耳朵缺失,281只狮子中有99只受损,27只面目全非;石狮下的望柱有123根受损,占43.7%,49根花纹剥落,看不清楚。距今1 500年的北魏时期的云冈石窟石佛仅剩一半,有些雕像和题记风化殆尽,石雕柱风化深度达20厘米,直径为80-100毫米;甚至可以说,近40年的破坏速度超过了过去一千年[①]。暴露在潮湿自然环境下的砖石质文物,长期受日晒、雨淋、风吹及生物活动侵蚀等各类自然和人为因素的破坏,导致不断劣化甚至消失,对其保护研究的急迫性和重要性不言而喻。

---

① 陆春海:《防文物风化的材料设计与适用性研究》,成都理工大学博士学位论文,2009年,第2页。

第2章

潮湿环境下砖石质文物保护材料的研究

2.1　潮湿环境的定义

日常生活中人们一般把没有下雨但是环境所含水分太多称为潮湿。对于潮湿环境的定量表征,一般有降雨量、相对湿度两个参数。在文物保护领域,潮湿环境的提法比较普遍,但至今没有统一的定义。本书的研究对象都是露天保存的砖石质文物,受外界环境影响较大,故若其所在地的大气环境因素中平均湿度在70%以上,则属于本书所讨论的潮湿环境的范围。本书以五处分布在东北、西南、东南及中原地区的有代表性的砖石质文物作为研究对象,试图了解潮湿地区砖石质文物的病害机理和风化机理。

2.1.1　相对湿度

相对湿度(relative humidity)是指在一定温度下,空气中实际水汽压强与该温度下的饱和水汽压强比值的百分数,以RH来表示,其大小直接表示空气距离饱和的程度。通常相对湿度的高低可用干湿两用温湿度计或毛发湿度计测量，或者直接用可以读数的便携式温湿度测量仪来测量。

$$RH=e/E \times 100\%$$

式中：e—空气中实际水汽压强；E—饱和水汽压强。

当空气饱和时RH=100%，未饱和时RH < 100%，过饱和时RH > 100%。以蒸汽形式散布于空气中的水汽数量是相当少的，但就是这少量的水分对于任何材质的文物的保存都非常重要。空气中的水蒸气控制着所有其他物质中的水分含量，当空气干燥时，文物中的水分会蒸发；当空气潮湿时，文物会吸收空气中的水分，从而达到动态平衡，这就是相对湿度影响文物材料的方式。相对湿度涵盖了大气温度和湿度两项指标，可以表征砖石质文物所处局部环境的状况；水对于砖石质文物风化的影响非常严重，水对任何形式的腐蚀破坏因素都能起到媒介作用。水的存在会与空气污染物中的二氧化硫类的有害气体结合产生化学风化，而环境湿度就控制着砖石质文物表面水分的来源。通常来说，相对湿度小于60%时，称为干燥环境；相对湿度在60%和75%之间时，称为潮的环境；相对湿度高于75%时，称为湿的环境；相对湿度约等于100%时，称为非常潮湿的环境。相对湿度的高低，是衡量空气和环境潮湿程度的参数指标。相对湿度高，说明空气中实际所含水蒸气密度大，即空气中所含水分多，空气潮湿；相对湿度低，说明空气中实际所含水蒸气密度小，即空气中所含水分少，空气干燥。

2.1.2 降雨量

从天空降落到地面上的雨水，未经蒸发、渗透、流失而在水面上积累的水层深度,称为降雨量,它可以直观地表示降雨的多少。借用水文部门对于降雨量的分类,通常分为小雨、中雨、大雨、暴雨等,一般以日降雨量衡量。其中小雨指日降雨量在10毫米以下;中雨日降雨量为10-24.9毫米;大雨日降雨量为25-49.9毫米;暴雨日降雨量为50-99.9毫米;大暴雨日降雨量为100-199.9毫米;特大暴雨日降雨量在200毫米以上。

2.2 潮湿环境下砖石类保护材料的分类及性能要求

针对潮湿环境下风化的砖石质文物,目前普遍认可的化学保护方法是,用一种与保护对象结合得比较好的、具有一定渗透深度及加固强度的材料对已风化而濒临危险的文物进行渗透加固保护及必要的表面防护处理。因此,如何使砖石质文物有良好的防水性能,是防风化保护的重要方法,也是对化学保护材料的首要要求。而且由于这类材料直接施用于潮湿环境下砖石质文物表面,要求保护材料必须具备以下特点:材料必须是无色、透明的,与石质本体不发生化学反应;不改变石质本体原貌,无眩光;必须具有良好的稳定性,能耐温热变化,耐紫外线辐射;渗透能力也要很强,渗透深度能保证不会与表面风化层一起成片脱落;形成的保护层抗风化能力强,尤其防水、防有害气体的能力强,必须有透气、透水的性能,以便表面水不易渗入石体内部,而岩石内部的水则可从内部逸出;掺加一定防腐、防苔藓地衣植物生长的成分,有防腐防霉杀菌功能,且高效低毒,不污染环境;价格适当;操作方便、施工方便易行。

2.2.1　保护材料的筛选要求

根据"最低人为干预"和"不改变文物原状"的保护原则[①]，控制和改善文物存放环境应是首选的保护措施。但是由于目前环境控制和治理的局限性，对于常年处于室外的砖石质文物，很难在较短的时期内完成环境的变更，所以，通常的做法是在砖石表面使用化学防护或化学加固材料进行化学保护[②]，以减缓或阻止其损毁。砖石表面的保护性处理是最重要的，对文物的风化原因和风化机理的分析表明，砖石质文物的风化与砖石本身有着直接的联系，因此防风化工作应重点放在改善文物所在砖石表面的本身性质，从提高自身的抗风化能力入手。首先就是选择合适的加固封护剂。砖石刻表面所使用的材料种类很多，固体石蜡是最早使用的石材表面防护材料之一，公元前1世纪就有用蜡修复建筑物被风化石材的记录，但是它吸附灰尘、易泛黄，难以渗入石材内部形成耐久性保护，在实践中渐渐被淘汰；而无机类的石材防护剂在19世纪前也曾广泛使用，如石灰水[③]，锌和铝的硬酯酸盐[④]，硫酸盐或磷酸盐[⑤]，以及后来的硅溶胶之

---

①　《中华人民共和国文物保护法》，中国民主法制出版社，2002年。陆寿麟：《文物保护与科学技术》，《面向21世纪的科技进步与社会经济发展：中国科协首届学术年会》，中国科学技术出版社，1999年。

②　Clifford Price, *Stone conservation: an overview of current research*, California: The Getty Conservation, 1996. Striegel M.F., Guin E.B., Hallett K., "Air pollution coating and cultural resource", *Progress in Organic Coatings*, 48(2003): pp.281–288.黄克忠：《石质文物的化学保护方法》，《文物科技研究》2004年第1期，第16–23页。

③　Garrido J.M., "The portal of the monastery of santa maria de Ripoll", *Monumentum*, 1(1967): pp.79–98.

④　Scott G.G., "Process as applied to rapidly decayed stone in Westminster Abbey", *The Builder (London)*, 19(1981): p.105.

⑤　周宗华：《用于文物保护的高分子材料》，《高分子通报》1991年第1期，第23–25页。

类,其优点是寿命长,与岩石相容性较好。多数无机防护剂是利用溶液中的盐分在石材的孔隙中凝结或与石材发生化学反应,填塞石材微孔隙以产生阻挡层或替代层,但由于可溶性盐的结晶膨胀,许多情况下无机防护剂的使用反而加剧了石材的风化;现代有机聚合物由于其较好的黏结性、防水性、抗酸碱性,以及单体或预聚体的良好的渗透性,已被广泛应用于砖石材的保护和加固,例如环氧树脂[①]、丙烯酸酯[②]、有机硅树脂[③]、有机氟聚合物[④]等。

2.2.2　清洗材料

　　处于潮湿环境下户外露天的砖石质文物表面上常常有多种污垢,如尘埃、油烟、霉菌、污物、可溶盐等,它们不仅有碍观瞻,而且还对文物有不同的危害,应采取正确的方法加以清洗或清除。一般来说,应该尽量减少使用化学材料而是采用机械、激光、蒸汽等方法进行清洗(表2-1)。清洗材料有5%-10%六偏磷酸钠、14%氨水、5%-10%丙酮溶液、EDTA、氢氟酸、磷酸等。

[①]　Selwitz C., *Epoxy resins in stone conservation*, Los Angeles: Getty Conservation Institute, 1992, p.7.

[②]　James R.C., "Stone consolidating materials: a status report", *Department of Commerce*, 1980, p.5.

[③]　Price C.A., *Stone Conservation, An Overview of Current Research*, Los Angeles: Getty Conservation Institute, 1996, pp.13-24. H.韦伯尔:《有机硅在建筑保护中的应用》,德国瓦克公司技术讲座,1998年。Adiletta J.G., "Hydrophobic oleophobic fluoropolymer compositions", *US patent*, 1999-11-9.

[④]　韩冬梅、郭广生、石志敏:《化学加固材料在石质文物保护中的应用》,《文物保护与考古科学》1999年第11期,第41-43页。

表2-1 清洗方法简介

清洗方法	简单介绍	产生后果破坏
细砂喷射	70-200 kPa 不同大小的细砂 硅酸铝 潮湿或干燥	磨蚀 增加表面持水性 细节部分缺失
低压磨蚀	35 kPa 粉末状金刚砂细粒 尺寸：0.2毫米	磨蚀 增加表面持水性 细节部分缺失
冷冻二氧化碳	100-200 kPa 的冷冻二氧化碳颗粒	磨蚀 增加表面持水性 细节部分缺失
喷射水	14 000 kPa 喷射水	表面粗糙 增加持水性 细节丢失 只能用于没有雕刻的表面
蒸汽清洗	高压蒸汽水清洗、软化表面的污物	由突增的加温和降温带来损坏 在风化状况轻微时才能使用
机械清洗	磨轮 针头状枪和其他机械用具	严重的表面粗糙 会损失很多细节 需要专业人士操作
酸类清洗剂	HF 酸5% 磷酸等	化学药剂残留 盐类残留 漂白 污染
碱性清洗剂加酸性清洗剂	2个步骤 先NaOH 后HF	化学药剂残留 盐类残留 漂白 污染
膏状物和膏药覆盖	组成成分多种多样 附加剂 表面活性剂	化学药剂残留 盐类残留 漂白 污染
去垢剂	非离子洗涤粉加入水中清洗	水分喷射而造成破坏
螯合剂清洗	可以去除硫酸盐（EDTA）	给含钙质的石质文物带来腐蚀性危害 颜色变化

（续表）

清洗方法	简单介绍	产生后果破坏
褪色消除法	溶液和贴敷膏药　含磷酸和草酸、EDTA、柠檬酸钠	化学残留
激光清洗	高强度激光清洗可以从颜色比较浅的石质文物表面剥去黑色的污物	高风险　漂白　颜色变化

2.2.3　加固封护材料

潮湿环境下的砖石质文物多处于户外,容易遭受物理、化学、生物原因的风化侵蚀,迫切需要保护处理。加固保护是一种人为方法,是通过加固材料代替砖石质文物中由于风化引起损失的胶结物,多用于已经风化、有解体危险、表面粉化剥落等多孔质砖石质文物。现阶段已经研制出不少配方独特、工艺新颖、具有可逆性的专门保护砖石质文物的材料,如有机硅体系、硅酸乙酯、丙烯酸酯等。

2.2.3.1　无机类加固封护材料

用无机加固剂替代风化的胶结物质是比较自然合理的方法。19世纪曾广泛运用无机类砖石质文物加固材料,至今依旧被某些单位应用[①]。无机材料的保护原理是由于其某些成分会与二氧化碳反应、与水发生水合作用形成新的化合物而对文物起到保护作用。无机材料耐老化性能优良,与无机文物之间的相容性良好,但弹性差、脆性大。另外无机材料加固过程伴随必要的材料与基体间的化学反应,通过化学反应来实现加固,渗透

---

① 刘强:《基于生物矿化的石质文物仿生保护》,浙江大学博士学位论文,2007年。

深度不好,一旦反应物阻塞表面孔隙就无法达到进一步渗透。目前广泛使用的无机类材料有:

1. 石灰水:是最古老、最自然的材料,用石灰水(氢氧化钙水溶液)来保护和加固石灰石质文物沿用了几个世纪。英国用它来加固 Well Cathedrals 的雕刻作品[1],一般方法为,把新鲜的石灰浆敷在石头上,厚度一般为20-30毫米,为防止其干透,可每天淋洒石灰水,这样保护2-3周时间,然后除去石灰糊并将残垢清洗干净,接着用新配制的饱和石灰水溶液涂刷石灰石表面,反复连续涂刷几天,即可在石质表面形成一层保护涂料,对石质文物有一定的保护作用。原理是氢氧化钙可以与空气中的二氧化碳反应生成碳酸钙,将碳酸钙质石材的粒子黏结在一起,但有时候这个方法会影响文物外观[2]。而且石灰水有三大缺点,生成碳酸盐速度慢,大多数形成过程很难实现碳酸化,碳酸化较好时机械强度和硬度较低[3]。

2. 氢氧化锶、氢氧化钡:与氢氧化钙的保护机制相似,氢氧化锶、氢氧化钡与钙离子交换产生碳酸钡和氢氧化钙,而氢氧化钙又与空气中的二氧化碳反应重新生成碳酸钙,在相邻颗粒之间形成矿物桥与碳酸钙联结。氢氧化钡曾用来加固美国康涅狄格州的议会大厦。但这个方法由于过快的反应速度而在文物表面形成硬壳,慢慢碎成小块,导致保护效果不理想[4]。

---

[1]　Peter M., "Breathing New Life into Statues of Wells", *New Sci.*, 76(1977): pp.754-756.

[2]　齐迎萍:《化学材料在石质文物保护中的应用》,《文物保护与考古科学》2008年第4期,第64-69页。

[3]　和玲:《含氟聚合物及其对文物的保护研究》,西北工业大学博士学位论文,2002年,第12页。

[4]　刘强:《基于生物矿化的石质文物仿生保护》,浙江大学博士学位论文,2007年。Lewin S.Z., Baer N.S., "Rationale of the Barium Hydroxide-Urea Treatment of Decayed Stone", *Studies in Conservation*, 19(1)(1974): pp.24-35.

氢氧化钡加固技术的成功取决于碳酸钙晶体表面特殊的化学反应。因此,只有用氢氧化钡处理含有碳酸钙的岩石才能取到满意的黏结、加固效果,盲目用于其他石质文物是无效的[①]。近年,韩国用未硝化石灰保护Daejosa花岗岩佛雕的头部就取得了很好的效果[②]。

2.2.3.2 有机类加固封护材料

有机类砖石质文物保护材料包括天然的(如植物油)、人工合成的聚合物等。

1. 石蜡:用石蜡保护石材至少有两千年的历史了,1857年至1859年间有人用石蜡溶于松节油来保护已风化的Westminster Abbey的石质文物,石蜡可以使石材拉应力增加1.06-4.12 mN/m^2[③]。但是它在温度升高时会吸附灰尘、易泛黄,难以渗入石材内部形成耐久性保护,在实践中渐渐被淘汰。

2. 有机硅:目前石质文物表面的防护材料中,效果较好、应用较多的是有机硅系列材料[④]。有机硅仍然是研究的主要对象,是一类具有长效功能的表面防护剂。1861年英国有机化学教授Hofmon在一次建筑学会议上首次提出要重视正硅酸乙酯对岩石保护的潜力。1926年,Laruis的专利使其成为广泛适用于石质文物保护的材料。1969年,Giacomo、Chiari等人用正

---

① 齐迎萍:《化学材料在石质文物保护中的应用》,《文物保护与考古科学》2008年第4期,第64-69页。

② Lewin C.H., Choi S.W., Suh M., "Natural deterioration and conservation treatment of the granite standing Buddha of Daejosa temple, Republic of Korea", *Geotech Geol Eng*, 21(1)(2003): pp.63-77.

③ 陆春海:《防文物风化的材料设计与适用性研究》,成都理工大学博士学位论文,2009年,第4页。

④ 郭宏、黄槐武:《文物保护中的"水害"问题》,《文物保护与考古科学》2002年第1期,第56-62页。

硅酸乙酯和乙醇混合体系保护伊拉克Seleucia和Hatra遗址的风化砖[1]。葡萄牙Jose Delgado Rodrigues等人采用微钻设备测量出正硅酸乙酯TG在灰岩中的渗透深度(可达15毫米)令人满意。有机硅材料用于文物保护的研究已有30-40年历史,硅酸乙酯和聚硅氧烷类在实际应用中最为普遍,有机硅树脂既有烷基又有硅氧键,是一个介于有极高分子和无机材料之间的聚合物,因此具有一般高聚物的抗水性、耐老化性、黏合性、成膜性、渗透性、填充性能好等特点。有机硅树脂的结构性能决定了它与石质文物有很好的相容性,因二者之间有很好的结合力,而且还通过化学反应形成比物理结合力强得多的化学键力,可将风化的石材表面的疏松颗粒结合成一个整体。有机硅中主要有硅酸乙酯、烷基硅酸盐、硅烷、硅氧烷、硅酸盐等。在欧洲有机硅是应用比较广泛的一种保护石质建筑、纪念碑和雕塑的材料[2]。

　　有机硅树脂作为石质文物的保护剂,具有耐水性好、气体渗透性强、可阻止苔藓生长以及耐污染等特点,对于摩崖造像、露天石刻等保护效果很好。有机硅树脂有一个很大的缺点,就是需要高温固化(150-200℃),固化时间长,大面积施工不方便。但可以用其他有机材料和有机硅树脂复合制成改性树脂,改性可以将两种材料的优点结合起来弥补有机硅树脂的缺点,有机硅改性材料有机环氧树脂、丙烯酸酯和纳米无

---

① 周双林:《土遗址防风化保护概况》,《中原文物》2003年第6期,第78-83页。

② Helmut Weber, "Conservation and Restoration of Natural Stone in Europe", *Bulletin of the Association for Preservation Technology*, Vol.17, No.2, Masonry (1985): pp.15-23.

机材料等,是有机硅树脂的主要发展方向之一[①],如Si-97[②]、NS系列[③]。

3. 含氟聚合物[④]:含氟聚合物是由氟原子与碳原子和氧、氮等原子组成的合成高分子材料,也称为氟碳材料。由于含氟聚合物具有较低的表面自由能、优良的耐候性、耐化学腐蚀性、抗氧化性及良好的机械性能,已成为优良的高性能材料[⑤]。氟树脂的优异性能是因为氟原子密集地包围着C–C主键,形成一个螺旋结构,保护了碳键不被冲击,不被化学介质破坏。这种结构特点使氟树脂具有良好的附着力和耐候性。氟树脂在一些世界著名建筑如美国白宫、联合国大厦及具有艺术风格的建筑上得到应用。

4. 丙烯酸酯:这是一类广泛应用于砖石质文物加固保护的材料,当渗透深度大、聚合度很高时,丙烯酸酯能有效地提高多孔石质文物的强度和耐候性[⑥]。甲基丙烯酸酯又称为有机玻璃。Banthia等采用一种丙烯酸酯对印度受损的石质文物进行保护

---

① 韩涛:《有机硅在石质文物保护中的研究进展》,《涂料工业》2010年第6期,第74页。

② 胡一红、刘树林:《高分子材料si-97在砖质文物保护方面的应用研究》,《文物保护与考古科学》2009年第3期。

③ 河南维纳科技有限公司:《NS系列保护剂在文物保护上的应用研究》,《砖石质文物保护技术研讨会论文集》,2004年。

④ 和玲:《含氟聚合物及其对文物的保护研究》,西北工业大学博士学位论文,2002年,第12页。朱正柱、邱建辉、段宏瑜、曹育红:《改性氟树脂石质文物封护材料的研究》,《石材》2007年第5期,第39–43页。

⑤ Steve J.M., Bryan B.S., Laurence E.F., "Surface Properties and Metathesis Synthesis of Block Copolymers Including Perfluoroalkyl-Ended Polyethylenes", *Macromolecules*, 29(1996): pp.8211. 邓海球:《氟树脂涂料在中国竟如何发展》,《涂料工业》2000年第7期,第28页。

⑥ 齐迎萍:《化学材料在石质文物保护中的应用》,《文物保护与考古科学》2008年第4期,第64–69页。

时,发现液态丙烯酸低聚物对石材有很强的穿透性能,深入石材内部与金属离子(如Fe^{3+}、Al^{3+})反应,可以对藻类、菌类起到良好的生物杀灭剂的作用[1]。其中一类研究最多的丙烯酸酯就是Paraloid B72,它是白色玻璃状结构,是一种靠溶剂挥发后成膜而起到加固作用的树脂,但B72最大的缺点是形成的膜比较脆,有时还会使砖石内文物表面颜色变深,而且不耐碱的侵蚀,也不耐紫外光的照射[2]。

2.2.3.3　常用加固剂、封护剂对于砖石质文物的成功保护案例

通过查阅大量文献,整理了常用的加固剂、封护剂对砖石质文物的成功保护案例(表2-2)。

表2-2　常用加固剂、封护剂对于砖石质文物的成功保护实例

加固剂、封护剂	组成成分	应 用 实 例
850#	甲基硅酸钠	20世纪60年代中科院曾在云冈石窟碧霞洞小范围(1.5平方米)使用,但给文物带进大量可溶性盐类,使碑面剥落、字迹模糊。
TEOS	正硅酸乙酯	1969年曾用于伊拉克遗址的风化砖,效果较好。

---

① Banthia Aijit K., Gupta A.P., "Role of acrylic resin in the conservation of deteriorated khondalite stones", *Am Chem Soc, Polym Preps. DivPolym Chem*, 41(1)(2000): pp.227-278.
② Bandini F., Danti C.A., Elena, et al, "Selection of consolidants for use on the tower of Belem", *International journal for restoration of buildings and monuments*, 4(6)(1998): pp.653-666.

（续表）

加固剂、封护剂	组成成分	应 用 实 例
Remmers 300 德国雷马氏公司	正硅酸乙酯	新加坡外交大厦；陕西西安大雁塔；重庆大足北山136窟的五百罗汉加固；承德鹦鹉岩石质文物保护[1]；陕西彬县大佛寺砖石加固，效果较好[2]。
WD-10	十二烷基三甲氧基硅烷	1987年用于保护武功报本寺塔地宫出土彩绘石棺椁及其莲花底座（灰岩）；1992年用于陕西历史博物馆的西汉大型圆雕石角（花岗岩）；1999年陕西乾陵鸵鸟石刻保护（灰岩）；2000年用于大雁塔的预防渗漏工程[3]。
硅酸乙酯	应用最广泛的水解、缩聚生成胶态的硅	Grissom应用硅酸乙酯加固石灰石雕像碎片，效果很好。
甲基三甲氧基硅烷	硅烷	谢振斌对四川省内摩崖造像区的砂岩样品进行测试后，各项性能都有提高[4]。

---

① 石利峰：《承德鹦鹉岩石质文物的保护与研究》，《中国文物科学研究》2010年第1期，第64-71页。

② 王丽琴、党高潮等：《加固材料在石质文物保护中应用的研究进展》，《材料科学与工程学报》第22卷，2004年第5期，第778-782页。

③ 甄广全：《WD-10在石质文物表面封护中的应用》，《化工新型材料》2001年第9期，第48-50页。

④ 《甲基三甲氧基硅烷对砂岩石刻风化性能的实验室研究》，《文物保护与考古科学》2008年第4期，第10-15页。

（续表）

加固剂、封护剂	组成成分	应 用 实 例
聚硅氧烷	硅氧烷	Rolf将聚硅氧烷用于泥质砂岩加固保护，保护德国的Schloss Weissenstein（1711-1718年建），发现除真菌外几乎不受微生物的腐蚀，并具有明显的防水性；印度采用聚硅氧烷和硅油处理了被酸雨侵蚀的石碑，使其具有一定机械强度和胶结性能及疏水性；聚硅氧烷类可化学降解或机械移除[1]，具有可逆性[2]。
硅烷基	硅氧烷	伦敦塔、多佛城堡、博尔索弗城堡、希腊海神庙，耐水性、机械强度和耐久性兼容性得以提高[3]。
甲基三乙氧基硅烷、正硅酸乙酯（单体聚合硅氧烷）	硅氧烷	郭广生等对故宫博物院汉白玉的加固取得了很好的效果[4]；曾经用甲基三乙氧基硅烷低聚体溶液灌浆加固日本冲绳著名建筑Sunuiyamutaki石门[5]。

---

[1] Erharde D., "Removal of silicone adhesives", *Journal of American Institute of Conservation*, 22(2)(1983): p.100.

[2] Charola A.E., A. Tucci, and R.J. Koestler, "On the reversibility of treatments with acrylic/silicone resin mixtures", *Journal of the American Institute for Conservation*, 25(2)(1986): pp.83－92.

[3] Karatasiosa I., Theoulakisb P., Kalagric A., et al, "Evaluation of consolidation treatments of marly limestones used in archaeological monuments", *Construction and Building Materials*, 23(8)(2009): pp.2803－2812.

[4] 郭广生、韩冬梅、王志华：《有机硅加固材料的合成及应用》，《北京化工大学学报》第27卷，2000年第1期，第98－100页。

[5] Rodrigues J.D., Grossi A., "Indicators and ratings for the compatibility assessment of conservation actions", *Journal of Cultural Heritage*, 8(1)(2007): pp.32－43.

（续表）

加固剂、封护剂	组成成分	应 用 实 例
聚丙烯酸酯（改性有机硅树脂）	改性有机硅	廖原等对陕西茂陵博物馆汉代露天石质文物保护达15年之久，对西安碑林博物馆露天展出明代石狮保护达9年[1]；印度蒙黛拉的太阳神庙用聚甲基丙烯酸甲酯加固；意大利203年建立的罗马拱门用丙烯酸乳液成功保护；Siena Cathedral大门上的雕刻用丙烯酸酯加固；1961年对云冈石窟进行加固[2]。
有机硅	有机硅	用有机硅类保护安阳修定寺塔的砖雕，效果较好[3]。
851#	有机硅	1985年安徽省四处摩崖石刻化学封护面积达3 200平方米[4]。
丙烯酸酯	聚甲基丙烯酸甲酯的聚合物	Giacomo Chiari等采用丙烯酸酯对伊拉克Seleucia和Hatra遗址的风干砖进行保护[5]。

① 廖原、齐暑华、王东红等：《XD-9露天石质文物保护剂》，《西北大学学报（自然科学版）》第3卷，2007年第3期，第411-414页。

② 刘景龙：《龙门石窟保护》，中国科学技术出版社，1993年，第137、44、79、54页。

③ 沈治国：《砖石古塔的力学性能及鉴定与加固方法的研究》，西安建筑科技大学硕士学位论文，2008年。

④ 盛发和：《石质文物的化学封护》，《全国第一次实验室考古学术讨论会论文集》，1988年。

⑤ Chiari G., "Chemical Surface Treatments and Capping Technique of Earthen Structures: a Long-term Evaluation", *6th International Conference on the conservation of Earthen Architecture*, Las Crues, New Mexico, U.S.A, 1990, Oct, 14-16, pp.267-273.

（续表）

加固剂、封护剂	组成成分	应　用　实　例
硅酸乙酯	四乙氧基硅烷	德国在砖石质文物保护方面有较强的技术经验，早在1861年，德国著名化学家赫夫曼（A.W. Hofmann）就提出，石英和酒精的聚合物可以应用到砖石类的增强保护中；1960-1970年，硅酸乙酯被研制成功，大规模工业生产，广泛应用到天然与人造矿物材料的增强保护中；硅酸乙酯可以对砖石质文物的保护起到加固作用的原理是，硅酸乙酯与空气中水分反应，生成SiO_2，这类新的胶结物可以使砖石的强度增强。

2.2.4　表面防水、防风化材料

对于潮湿环境下存放的砖石质文物来说，表面防水封护处理是十分有必要的一个环节，它可以在砖石质文物表面形成致密的、不受影响的膜来防止湿气的侵入，是一种用减少大气湿度、雨水、尘埃侵蚀的方法来防止、减缓进一步的风化[1]。古代的封护材料都是天然易得的材料，如蜡、亚麻油、动物血等，但是在过去，这些材料提供的保护效果还不如它们带来的损害，由于之后紫外线的照射、自然老化等，它们都发生脆化、蜕皮及变黄或长有斑点等现象。现代材料中，主要分为有机硅、丙烯酸酯等，已经有很多正面的例子证明了它们的效果[2]。

---

[1]　和玲：《艺术品保护品中的高分子化合物》，化学工业出版社，2003年。

[2]　Biscontin G., Maravelaki P.V., Zendri E., et al, "Investigation into the interaction between aqueous and organic solvent protection and building materials", *Conservation of stone and other materials Thiel*, Marie-Jos(ed), Paris, France. E&F. N.Spon, 1993, pp.689-696.

2.2.5　粘结修补材料

对应用于砖石质文物的修补、粘结的材料,它的性能要求很高,要求粘结材料、修补材料可以跟原材料匹配。主要有环氧树脂、聚甲基丙烯酸甲酯、聚醋酸乙烯酯等,要根据砖石质文物表面的强度来选择适合的聚合物。例如对于表面比较完整、质地比较结实的砖石类艺术品来说,可用强度好、黏着力强、收缩率低、内聚力大、稳定性好的环氧树脂黏合剂来黏结。黏结操作方式为:清洗石质文物断裂面→干燥(自然干燥或用吹风的方法干燥)→用毛刷在断面均匀涂抹环氧树脂黏合剂→待半干时,合对差口黏结,稍用力,使黏结更好→固化→修理做旧。如果砖石质文物本身比较脆弱,为防止因黏合力过强造成面后部分破碎,与砖石本身分离,不采用环氧树脂黏合,而采用硝酸纤维素黏合剂黏结。若断裂面较大、裂缝较宽且表面又比较脆弱的石质文物或博物馆内的石制品,可用聚醋酸乙烯酯加大理石粉、适当颜料做成面团,压进石制品裂缝内,干燥 1-2 天,加以修整即可[①]。

2.2.6　防护杀菌材料

杀菌剂指抑菌剂、除藻剂、除草剂。抑菌剂是指可以抑制目标生物新陈代谢的药剂。砖石质文物上常常有菌类及低等植物的繁殖生长,而且常以共生复合体形式存在,在潮湿温暖的环境中更加严重。它不仅在石质文物表面形成各种色斑,严重影响石质原貌,还会使石质文物发生严重的生物风化,因此需要通过生物防治材料对砖石质文物的表面进行防霉杀菌

---

① 王蕙贞:《文物保护学》,文物出版社,2009年,第14-15页。

处理。目前有很多的针对生物风化保护的措施方法，但是没有一项经野外实际操作的长期效果的检验。一般说来，选择杀菌剂是因为该杀菌剂在其他地区成功应用过，单一的杀菌剂不能针对所有的有机生物体起作用，不是适用这个环境就适用别的环境，也不是适用这类石材就适用另一类石材。保护工作必须基于不同的石材、不同的环境进行实验，特别是参与到保护过程中时，必须考虑到跟其他保护剂的反应。一般来说比较常用的生物防治材料包括硼类化合物（5%四水八硼二钠水溶液等），硼酸盐溶液对于野外潮湿环境下针对石质文物的生物危害很有效，而且没有副作用，尽管起效不快，但可以持续抑制藻类生长2-3年，对于苔藓和地衣则可以抑制更长时间。Hale曾用硼砂和次氯酸钠抑制玛雅文化遗存的生物生长2-3年，但是因为不能遏制生物孢子的传播，Hale建议每年都喷射药物[①]。含铜化合物（4%硫酸铜水溶液、3%硝酸铜水溶液、5%八羟基喹啉铜水溶液）对于生物体有很好的杀灭效果，环境污染小，而且由于附着持久性强，可以增强石材长期抗菌效果，但是它们可能会给石材表面带来染色的问题。含镁化合物0.5%-5%氟硅酸镁水溶液、含锌化合物（1%-2%氟硅酸锌水溶液等），氟硅酸锌的抑菌效果也很好，但是，高浓度也会使石灰岩产生硬壳。醛类、酯类化合物（对羟基苯甲酸甲酯）具有抑菌效果。酚类化合物（双氯酚、五氯化苯酚等），五氯化苯酚的钠盐可以消除和抑制生物生长，2%的五氯苯酚钠在野外操作效果不是很好，仅仅可以抑制生物

---

① Hale M.E., "Control of biological growths on Mayan archaeological ruins in Guatemala and Honduras", *National Geographic Research Reports*, 1975 Projects, pp.305–321.

生长6-12个月，碱金属盐引入会带来盐结晶问题，不仅效果不好，而且毒性很大。1%水杨酸钠水溶液等可抑制生物生长。汞化合物会有效根除生物体，但是因为时间很短暂又对环境产生毒性应该尽量减少使用[①]。TBZ是一种使用历史较长的高效、低毒、广谱的防霉剂，属咪唑类化合物，其耐热性为300℃，在酸、碱条件下不会分解，难溶于水，微溶于一些有机溶剂。最重要的是其杀菌范围很广，抑菌效果很好，日本井上微生物研究所及美国努克研究所TBZ对多种微生物的最低抑制浓度（MIC）的实验结果表明：TBZ对曲霉、青霉、木霉、毛霉、头孢霉、镰刀菌等多数属种的最低抑制浓度为20 ppm以下。TBZ的毒性很小，缺点是水溶性不好。霉敌是西北大学研制的一种杂环类化合物，化学稳定性高，有轻微刺激性，微溶于水，常温下最大溶解度为5 000 ppm，加热溶解度增大，完全溶于乙醇等有机溶剂中。而且根据西安医科大学预防医学系和陕西省卫生防疫站的"理化毒理检验报告"及"食品卫生检验报告"结论为：据对大鼠90天喂养实验的各项观察指标结果的综合分析，霉敌对大鼠的最大无作用剂量为32.4 mg/kg体重/日，霉敌纯品在50.62 mg/kg体重以下剂量范围无致畸胎作用，霉敌目前已经广泛用于文物保护等领域的防霉防腐杀菌实验中。

2.2.7　生物矿化材料

　　仿生合成技术是模拟生物矿化过程，以有机物的组装体为模板控制无机物的结晶形成，制备出具有特殊结构和功能的新

---

① Rakesh Kumar, Anuradha V. Kumar, "Biodeterioration of Stone in Tropical Environments: An Overview", *The Getty Conservation Institute*, 1999, pp.41-45.

型材料。生物矿化广泛存在于自然界，是由生命参与并通过细胞、有机分子调制无机矿物沉积高度的控制过程。

砖石质文物表面极易形成黑色污垢，严重影响文物的外观，加剧文物风化速度，对砖石类表层进行清洗是保护中极为重要的一步。微生物清洗是较有发展前景的一种清洗方法，是通过微生物的还原作用（硫酸盐还原菌，Desulfovibrio）或脱硝作用（假单胞菌，Pseudomonas）清除结构表面有潜在危害的污垢而达到修复目的[1]。而由于砖石材天然微孔隙毛细作用力及包裹作用增强污物与石材的结合作用，使得石材比其他类型的材料更难清洗。Atlas等[2]首次提出了可以利用硫酸盐还原菌清除石质结构上的黑色污垢。Heselmeyer等[3]成功将石膏层转化为方解石。Ranalli等[4]利用硫酸盐还原细菌处理自然大理石雕像上的硫酸盐污垢和人工附着在岩石试样上的硫酸盐，处理效果表明自然形成的污垢比人工的更易清除。Ranalli借助细菌细胞核特效酶清洗擦拭、刷洗意大利一座14世纪石碑上的画，去除了壁画上残留的有机污垢，结果表明涂刷处理效果最佳[5]。这些研究都为清洗石质文物表面的污垢开辟了新途径，预示着微生物清洗技术具有极高的潜在价值，特

---

①　Ranalli G., et al, "The use of microorganisms for the removal of sulphates on artistic stoneworks", *International Biodeterioration*, 40(2)(1997): p.255.

②　Atlas R.M., Chowdhury A.N., Ranalli G., "Microbial calcification of gypsum-rock and sulfated marble", *Studies in Conservation*, 33(1988): p.149.

③　Heselmeyer K., Fischer U., Krumbein W.E., et al, "Application of Desulfovibrio vulgaris for the bioconversion of rock gypsum crusts into calcite", *Bioforum*, 1(2)(1991): p.89.

④　Ranalli G., et al, "The use of microorganisums for the removal of sulphates on artistic stoneworks", *International Biodeterioration*, 40(2)(1997): p.255.

⑤　Ranalli G., et al, "Biotechnology applied to cultural heritage: biorestoration of frescoes using viable bacterial cells and enzymes", *J Appl Microbiology*, 98(2005): p.73.

别是在修复硫酸化的碳酸盐类文物时具有很广阔的前景[①]。

浙江大学文物保护化学实验室对野外的各类岩性的石质文物进行考察时发现,在某些石刻文字保存完好的含钙石质文物表面,有一层天然形成的亲水性半透明无机膜,这类膜的存在给予了岩石基体令人惊奇的保护效果,表面的细微结构都完好,甚至一千多年前在岩石上雕刻的刀痕都还隐约可见。经过扫描电镜、红外线光谱分析等手段,发现表面这类膜的主要成分是以水合草酸钙为主(含量大于55%)的致密的带有明显生物成因特点的矿化物[②]。

Garty等也在一种Ramalina lacera叶状地衣所依附的岩石表面发现了天然草酸钙膜,其中还含有一些硫酸盐,推测这种膜的形成是在地衣协调下的生物矿化过程[③]。Arocena等在南极洲的一个岛上发现大片的磷酸钙薄膜覆盖在岩石的表面[④]。国外利用细菌生物矿化进行文物保护的研究开展得较早,1995年意大利人Tiano利用从海洋贝壳中提取的有机大分子OMMs诱导碳酸钙结晶的沉积,获得了较好的结果[⑤];Perito研究了枯草杆菌(Bacillus subtilis)诱导碳酸钙结晶对石质文物加固的情况,

①　李沛豪、屈文俊:《生物修复加固石质文物研究进展》,《材料导报》2008年第2期,第73—92页。

②　张秉坚、尹海燕、陈德余等:《一种生物无机材料——石质古迹上天然草酸钙保护膜的研究》,《无机材料学报》第16卷,2001年第4期,第750—756页。

③　Garty J., Kunin P., Delarea, et al, "Calcum oxalate and sulphate containing structures on the thallial surface of the lichen Ramalina lacera: response to polluted air and simulated acid rain", *Plant Cell Environ*, 25(12)(2002): pp.1591—1604.

④　Arocena J.M., Hall K., "Calcium phosphate coatings on the Yalour Islands, Antarctica: formation and geomorphic implications", *Arctic, Antarctic and Alpine Research* 35(2)(2003): pp.233—241.

⑤　Tiano P., "Stone reinforcement by calcite crystal precipitation induced by organic matrix macromolecules", *Stud Conserv*, 40(1995): pp.171—176.

获得较好的效果；2003年，西班牙Granada大学的矿物学家发现了一种土壤细菌（Myxococcus xanthus），并利用此细菌对石质文物进行保护加固。这类细菌能够在石质文物内部诱导产生碳酸钙结晶，细菌能够最大限度地渗透到石质文物内部，诱导产生的碳酸钙结晶也不会堵塞石质的孔隙。这种生物矿化加固法的诱导产物持久、成本低、对人和环境没有危害，利用微生物及生物技术进行文物保护将成为未来具环保性且行之有效的保护途径。

2.3　潮湿环境下砖石质文物保护材料的配制及特点

应用保护材料对潮湿环境下多孔类砖石质文物加固封护，要保证可以在一定浓度下渗入多孔材料内部并能形成网状结构，这种网状结构除了本身具有一定强度外，还起着网络固化的作用。加固剂可以渗入器物内层并以薄膜形式存在，与矿物颗粒之间形成吸附式结构；也有固化后可以填充在矿物颗粒之间的。所以，聚合物除了成膜黏结作用外，还起到了填充空隙、支撑作用，使其得以加固并长期保存。通过扫描电镜分析显示，经过聚合物加固封护的五处砖石类风化样品中较大的孔隙也被填充，变为一种网状的紧密结构，由于填充及成膜黏结，形成整体的联结，聚合物靠填充作用将文物内部松散的结构联结起来，达到提高强度的目的。

2.3.1　潮湿环境下砖石质文物表面保护材料的老化实验

应用有机防水材料对砖石质文物进行加固封护后，材料在大气中受紫外线照射、酸雨、冻融、温湿度变化影响逐渐发生外观、物理、化学性能的变化，即发生老化现象，老化性能是评价一般材料优劣的重要指标。为了评价高分子材料的耐老化性能，逐渐形成了两种老化实验方法：一种是自然老化实验方法，即直接利用自然环境进行的老化实验；另一种是人工加速老化实验方法，即在实验室利用老化箱模拟自然环境条件的某些老化因素进行的老化实验，由于老化因素的多样性及老化机理的复杂性，自然老化无疑是最重要最可靠的老化实验方法。但是，由于自然老化周期相对较长，不同年份、季节、地区气候条件的差异性导致了实验结果的不可比性；而人工加速老化实验模拟强化了自然气候中的某些重要因素，如阳光、温度、湿度、降雨等，缩短了老化实验的周期，且由于实验条件的可控性，实验结果再现性强。人工老化作为自然老化的重要补充，正广泛运用于高分子材料的研究、开发、检测中。

本书主要从表面风化、裂缝等外观特征及微观特征研究WD-10水剂、WD-10有机溶液、丙烯酸酯加固保护不同材质砖石质文物样品后的效果。鉴于现阶段国内外目前仍没有较为统一的砖石类加固封护效果检验的系统评价方法，本节将参照"土工试验方法标准GB/T50123-1999"和公路工程石料试验规程中的坚固性试验（T02122-94）方法，将公路、力学、工程学中的与砖石类风化病害及耐久性相关的测试方法做比较并选取了以下检测项目，包括颜色变化、耐水能力、耐冻融能力、耐盐析能力、安定性实验以及耐喷淋能力等，测量时，一定要与空白样品在统一条件下进行实验。

2.3.1.1 样品的制备

砖石质文物的加固一般是采用化学材料进行渗透固化，通过各种手段检验加固后强度的提高。砖石样品的制备，可以使用两种办法，一种是将砖石制备成规格一致的样块，然后加固[①]；另一种是可以将风化的砖石粉碎，在固定的模具内采用化学材料进行加固，在固化后进行强度检验。本实验中选用的第一种方法，西安明城墙的砖样来自工程修建时的替换砖块。为了尽量减少对文物的破坏，澳门、麟游慈善寺、高句丽遗存、大足石刻的石样都是现场拣取原石上掉落的石块样品，将其用水洗去上面的灰尘等杂物，常温下放置于通风处晾干待用。

将配制好的各种封护加固剂倒入烧杯中，将石样分别浸泡到溶液中。待石样被饱和后取出，擦掉表面多余的溶液，放在常温下，使试剂与石样反应或结合，待溶剂彻底挥发完成后再进行效果检验，为了使反应彻底，放置时间为一个月。

2.3.1.2 备选保护材料的组成及配比

我们选用的是武汉大学研制的 WD-10 有机溶液（乙醇）和 WD-10 水剂的有机硅类新材料，是以十二烷基三甲氧基硅烷为主体的长链烷基三甲氧基硅烷，其化学式为 $C_{12}H_{25}Si(OCH_3)_3$，为甲基三甲氧基硅烷的同系。它是一种无色透明的中性液体，可溶于乙醇、乙醚、醋酸丁酯等有机溶剂，同时也可以溶于水。有机硅类保护剂有较好的耐候性，更重要的是分子中含有烷基和硅氧键链，其化学性质介乎于有机与无机之间[②]，所以它除了具有有机材料的防水性以外，按化学上"相似互溶"的原理，还具有较好的与属无机盐类的砖石的相容性。这种材料渗透效果良好，固化后无色透明的玻璃体与酸碱不起反应，可有效抵

---

① Saleh A. Saleh, Fatma M. Helmi, Monir M. Kamal, Abdel-Fattah E. El-banna, "Study and Consolidation of Sandstone: Temple of Karnak, Luxor, Egypt", *Studies in Conservation*, Vol.37, No.2(1992): pp.93–104.

② 诺尔：《硅琪化学与工艺学》，化工出版社，1978年。

御酸雨的侵蚀,不会影响文物的原貌[1]。该类材料的耐老化性能也很好,其分解后的产物为性质稳定具有网状结构的聚硅氧烷,这种聚合物可以填充入风化砖石的空隙之中,提高了砖石的强度和整体性,由于在砖石空隙中形成一种"倒漏斗"形结构,小口向外大口向内,可使外部来的水和其他有害物质不易进入砖石内部。其网状结构又可保持砖石的呼吸,使来自砖石内部的水分可以自由呼出[2],避免水分被封闭在砖石体内,而造成砖石从内部受到损伤[3]。以往对类似的砖石质文物防风化处理的情况也证实了有机硅类复合材料对砖石进行渗透加固是切实可行的[4]。西北光学仪器厂用日产MPS-50000光谱仪测量镀有该材料膜层的石英玻璃试片在340-740A范围内的透光率,与空白样品比较无不良影响,结果WD-10所成膜是近乎透明的,不会改变文物的外观(表2-3)。将检测膜层浸泡于0.1%醋酸的溶液中,前后的接触角可以看出WD-10材料成膜的耐酸性能很好(表2-4)。

丙烯酸酯因具有优异的光稳定性、良好的耐候性、优良的保色性和附着力以及耐碱、耐化学品、透光性强、成膜性好、耐氧化和耐油等性能[5],且在常温下就可聚合,被广泛地应用于文

---

① 王铺先、唐华东:《硅聚合物石刻涂料的合成》,《精细化工》1997年第1期,第34-56页。

② 杜作栋:《有机硅化学》,高等教育出版社,1990年。晨光化工研究院有机硅编写组:《有机硅单体及聚合物》,化工出版社,1986年。

③ JohnA Sturst, *Conservation of Building and Decorative stone*, 1998, pp.143-165.

④ 王春雷:《"亚沟石刻像"的科技保护方式》,《黑龙江农垦师专学报》2003年第3期,第7-8页。华林、谭莉莉:《西南少数民族石刻历史档案保护技术研究》,《广西民族研究》2005年第3期,第193-195页。苑胜龙:《泰山经石峪刻经的文物价值与科学保护》,《中国文物科学研究》2006年第2期,第71-72页。

⑤ 付永山、安秋凤、黄良仙等:《有机硅改性丙烯酸酯乳液的制备及表征》,《基础研究》2007年第6期,第318-320页。冯见艳、高富堂、刘敏等:《有机硅改性丙烯酸酯的合成》,《基础研究》2007年第4期,第193-197页。

表 2-3　WD-10 材料成膜的透光率测试结果

		340	360	380	400	420	440	460	480	500	540	580	620	660	700	740
石英	空白	90.9	91.7	91.3	91.7	92.1	92.3	92.2	92.0	92.2	92.2	92.3	92.7	92.7	92.9	93.1
	镀 WD-10	90.9	91.7	91.4	92.0	92.2	92.2	92.3	92.3	92.2	92.4	92.7	93.0	93.0	93.1	93.6

表 2-4　WD-10 等材料膜的耐酸实验结果

材料代号	保护基团	接触角（度）		度后度片表面变化情况	
		原始	耐酸二周期	没有变化度片数	局部有腐蚀度片数
WD-10	$C_{12}H_{25}-$	97.5	99.1	9	0
3204	$C_{12}H_{25}-$	93.6	76.9	6	3

表 2-5　所选材料的主要性能简介

产品	生产厂家	主要成分	化学式	溶剂	性能	结构式
WD-10 水剂	武汉绿科文物建筑保护材料有限公司	十二烷基三甲氧基硅烷为主体的长链烷基,甲基三甲氧基硅烷的同系物	$C_{12}H_{25}Si(OCH_3)_3$	水	含有烷基和硅氧键链	
WD-10 有机溶剂	武汉绿科文物建筑保护材料有限公司	十二烷基三甲氧基硅烷为主体的长链烷基,甲基三甲氧基硅烷的同系物	$C_{12}H_{25}Si(OCH_3)_3$	乙醇	含有防护基团(碳链 R)和结合基团即与基材发生作用的部分 Si $(OCH_3)_3$	
丙烯酸酯	西北大学	聚甲基丙烯酸甲酯的聚合物	$CH_3CO=CHCOOCH_3$	氯仿	主链由 C—C 键构成,侧链为羧酸酯基等极性基团	$+CH_2-\overset{CH_3}{\underset{COOCH_3}{C}}+_n$

物保护领域的许多方面(表2-5)。国内外采用丙烯酸酯对砖石质文物进行保护的研究报告也比较多：1968年，意大利首次用于Siena Cathedral大门框雕刻的加固保护。印度蒙黛拉太阳神庙的加固也是使用涂刷聚甲基丙烯酸甲酯的甲苯溶液来实现的[①]。曹玉廷等利用丙烯酸和MBAM(亚甲基双丙烯酰胺)聚合生成一种保水性能优良的丙烯酸类树脂,加固效果良好[②]。我国最早将该类材料用于石窟寺加固是1961年在云冈石窟,用过氧化苯甲酰做引发剂、二甲基苯胺做固化剂,通过甲基丙烯酸甲酯、甲基丙烯酸丁酯、甲基丙烯酸单体共聚实现的[③]。本次实验中选用的封护材料是聚甲基丙烯酸甲酯的聚合物,俗称有机玻璃的2%-3%的氯仿溶液[④]。

2.3.1.3 保护剂的涂刷方式

一般分为涂刷、浸泡和减压渗透三种,从渗透深度和速度上看,减压渗透要远远好于其他方法,其次是浸泡。限于技术条件,目前对室外的石质文物还无法用浸泡的方法施工,就更不用说更加复杂的减压渗透了,能够考虑的只有涂刷方式。涂刷又可细分为喷涂和刷涂两种,采用喷涂必须具备以下条件,一是被喷涂物的表面积要够大以接受喷涂的保护剂；二是树脂要渗透快,这样才不至于因为喷涂量太大来不及渗透而流失。刷涂是最简便、最常用的施工方案,故我们选择了刷涂方式。用柔软不掉毛的笔刷、排刷蘸取封护材料后对待封护的石质样品进行刷涂,每道刷涂要涂到树脂在表面出现滞留

---

① 曹玉廷、王国建、李榕生:《功能性丙烯酸/MBAM体系共聚产物的研制》,《宁波大学学报》2004年第17期,第185-187页。
② 刘景龙:《龙门石窟保护》,中国科学技术出版社,1993年。
③ 王蕙贞:《文物保护材料学》,西北大学出版社,1995年,第70-74页。
④ 王蕙贞:《文物保护材料学》,西北大学出版社,1995年,第70-74页。

现象为止；为了使试剂充分吸收，可以采用分次刷涂的方法；每次刷涂的时间间隔不宜过长，要保证渗透深度就必须在前一道树脂的溶剂挥发的片刻就进行下一道刷涂，以确保前一道树脂胶液依然有一定的渗透性，继续向内部渗透才能达到最佳渗透效果。

2.3.2　潮湿环境下砖石质文物上使用的复合杀菌剂的特点

根据"不改变文物原状"的保护原则，应用于潮湿地区露天砖石质文物表面的长效防腐防霉杀菌剂首先应该是无色、透明的，与石质本体不发生化学反应，不改变石质本体原貌；因要在露天使用和操作，还要与环境统一，符合生态要求，低毒无污染，对人体、家畜家禽是否有毒要进行严格的毒性实验和安全评价[①]。

2.4　保护材料应用在砖石类样品上的效果检验

2.4.1　砖石类样品结构特征及组成

砖石保护效果与矿物结构及风化现状密切相关，在保护前，必须对所施加保护对象的特性及结构有充分的认识。通常来说，砖石结构分析对于保护研究具有指导性的作用，因为砖石的结构孔隙大小、致密程度、风化状况都决定了砖石样块对加固剂的吸收量，直接影响最后的保护效果。只有在了解了砖石质文物风化原因和风化特性的基础上，才能针对具体情况，

---

① 王蕙贞、宋迪生：《防腐防霉杀菌剂概论》，陕西科学技术出版社，1995年，第299-300页。

决定进行保护、修复或保养处理。要通过实验和系列参数的分析讨论来评估加固封护剂的保护效果，找出合适的加固剂，一般对于砖石样品的研究，多数样品的参数变化都依靠地质学中的岩相分析鉴定。岩相鉴定是通过将砖石样品切片、抛光，然后在偏光显微镜下检测来完成，主要确定砖石的矿物成分、粒度、颗粒分布及接触关系、孔隙大小与形状、基质或胶结物等情况（表2-6）。

表2-6　实验样品的光学性能分析结果

编号	样品名称	岩石光学显微特征
1	城墙10号（图2-1）	由黏土、粉砂为主的碎屑组成，存在大量的空洞，碎屑含量25%-30%，碎屑呈棱角状，分布不均匀
2	大足14号（图2-2）	长石砂岩，石英45%，长石25%，方解石7%，云母3%，岩屑8%，绿泥石%，孔隙10%，10-50微米
3	高句丽贵族墓葬（图2-3）	火山碎屑岩或玄武岩，由斜长石、辉石及绿泥石组成，间粒结构，基性斜长石板条状晶体构成清晰格架
4	高句丽贵族墓葬4号（图2-4）	小石英颗粒，隐晶质，火山碎屑岩
5	西安明城墙34-35马面（图2-5）	局部红褐色，有铁质残留，有小石英颗粒
6	大足13号（图2-6）	长石砂岩，石英40%，长石25%，方解石8%，云母2%，岩屑10%，杂基8%，孔隙7%，颗粒大小20-100微米，主要为30微米左右。磨圆较差，主要为棱角状，分选较好，孔隙式交接，外层有黏土薄膜

（续表）

编号	样品名称	岩石光学显微特征
7	慈善寺殿外侧（图2-7）	岩屑砂岩，石英30%，长石20%，云母3%，伊利石2%，岩屑3%，杂基10%，孔隙5%，有裂缝，颗粒大小50-200微米，分选磨圆差，颗粒间以线面接触，较致密，但未挤压变形，黏土质岩屑占岩屑主要比例

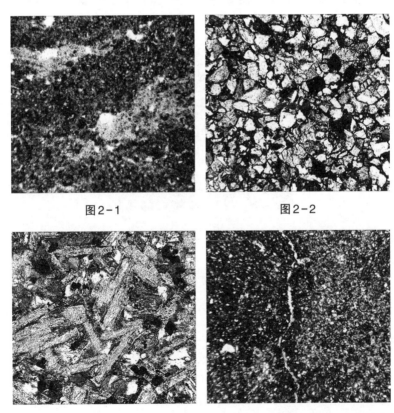

图2-1

图2-2

图2-3

图2-4

图2-5   图2-6

图2-7

2.4.2 砖石类样品加固封护材料的选择

　　针对风化文物,保护的入手点,即抢救性保护的关键问题就是设法恢复自身应有强度及防止进一步风化,保护材料是这一工作的关键。通过检测施加保护试剂前后文物外观颜色的变化、微观形貌的分布、透气性,以及经过冻融实验、耐水实验、耐冲击实验、耐酸实验之后的各项数据来评价所选保护材料的性能是否优良。

2.4.2.1　文物外观颜色的变化

实验的目的是比较样品经各加固剂、封护剂处理后外观的变化程度。文物的外观（包括颜色、质感和光泽等）是文物原状的主要因素，加固封护剂等保护处理不能对文物的外观造成显著改变，这是文物保护的基本要求，不符合这一要求的加固剂不能使用。要比较封护加固前后样品外观的变化，最直接的方法就是肉眼观察，对比样品经加固封护剂处理前后的样品可见这几种加固封护剂对样品的外观均有一定影响，但影响程度不一。实验样品本不是纯色的，因此主要靠肉眼观察砖石样品是否出现颜色加深及裂纹等，并用数码照相机拍摄记录。样品经过各种试剂处理后，将空白样品和处理过的样品放在一起比较并拍照，通过目测比较颜色变化，每个处理过的样品的颜色均略有加深。对比处理前、处理中和处理后的照片，总的来说，样品外观变化不大，都在可以接受的范围之内（表2-7）。

表2-7　保护处理后样品颜色的变化情况

样品名称	颜色变化描述
大足WD-10水剂加固	不明显，肉眼很难分辨
大足WD-10有机溶液加固	不明显，肉眼很难分辨
大足丙烯酸酯加固	颜色略微变深
城墙WD-10水剂加固	不明显，肉眼很难分辨
城墙WD-10有机溶液加固	不明显，肉眼很难分辨
城墙丙烯酸酯加固	颜色略微变深
麟游WD-10水剂加固	不明显，肉眼很难分辨

（续表）

样品名称	颜色变化描述
麟游 WD-10 有机溶液加固	不明显，肉眼很难分辨
麟游丙烯酸酯加固	颜色略微变深
澳门 WD-10 水剂加固	不明显，肉眼很难分辨
澳门 WD-10 有机溶液加固	不明显，肉眼很难分辨
澳门丙烯酸酯加固	颜色略微变深
高句丽 WD-10 水剂加固	不明显，肉眼很难分辨
高句丽 WD-10 有机溶液加固	不明显，肉眼很难分辨
高句丽丙烯酸酯加固	颜色略微变深

2.4.2.2　保护材料在砖石样品中的分布（SEM特征）

防水加固材料在砖石类样品内部的分布状况，影响着材料的应用效果，也是研究该材料使用工艺或成效的重要参数。采用扫描电镜对材料的分布情况进行了观察，首先将防水实验的样品破碎，粘贴在样品台上，镀金后用电镜进行观察。使用的电镜为荷兰 Philips-FEI 公司的 Quanta200 环境扫描电子显微镜，条件为低真空。如附图 A 中可见样品放大到一定倍数后矿物颗粒的原表面，在岩石的原始表面尤其是孔隙可见到一些无定型的材料存在，有些甚至以片状存在，这些材料沉积在空隙中和一些颗粒的表面，聚合物在颗粒之间形成膜状物质并牢固地附着在矿物颗粒上起到加固作用。经过加固封护防水处理后的样品可以见到一些无定型的物质存在，有些甚至以片状存在，这些形貌的物质就是我们使用的保护材料。这些材料可以渗入砖石质文物内部形成网状结构，这种网状结构除了本身具有一定强度外,还起着网络固化的作用,实际上所用的保护材料与矿物颗粒之间的作用是纯粹的物理吸附现象。溶剂挥发后加固剂已渗入文物内层并以薄膜的形式存在,还可以沉积、填充在矿物颗粒之间,所以,保护材料既可以填充空隙起到支撑作用,也有成膜粘结作用,使文物得以加固并长期保存。为了证实这一点,分别用处理之后的砖石类样品的表面、剖面进行扫描电镜观察。

以大足风化石样为例,在电镜下可见加固后的石样孔隙中有无定型的物质存在,保护材料沉积在孔隙中和一些颗粒的表面,颗粒表面被填充而变平整。经过WD-10有机溶液、水剂加固后表面可见膜状物质的存在,孔隙基本被封闭,膜状物质在石样表面均匀分布,在颗粒之间形成新的联结,是强度增加的微观表现形式。经过丙烯酸酯加固的样品由于本身石质样品的强度很低,空隙并没有被完全填充。

而扫描电镜下澳门的风化样品经过加固后,在镜下观察可见材料渗入内部形成网状结构,加固剂以薄膜形式存在,沉积、填充在矿物颗粒之间。保护材料不仅仅填补空隙起到支撑作用,也起到了成膜粘结作用,使文物得以加固并长期保存。

2.4.2.3　保护材料施加后砖石样品的透气性

电镜下可见风化石样表面有膜状物质存在,膜状物质将石质颗粒包裹起来,但是孔隙并没有被填充封闭,仍然有不规则的空隙存在。可见聚合物渗透入石样之后,样品强度得到了提高,但是并没有堵塞石样透气的孔道,仍能使样品具备一定的透气性,其作用仅仅是起到颗粒之间的联结作用。

2.4.2.4　冻融实验

冻融实验是考察经加固封护的样块在潮湿状态下,经过多次冻结和融化后,样块的外观破坏情况,因而用冻融实验来评定保护后砖石质文物耐久性的优劣。冬季时,砖石内部孔隙中的水分会冻结或结冰,冰的体积大于水,会产生内张力,造成裂缝;春天融化时,冰融化成水,反复循环,造成严重的冻融病害。本书参照《公路工程石料试验规程》中的抗冻性试验(T0211-94)方法①,检验加固样品的耐冻能力,具体检验方法是:先称取在耐水实验中证明有较强耐水能力的样品的实验前原始重量,放于水温为23±2℃的恒温水槽中浸泡18小时,待饱和后滤去多余的水分,放入温度为-25℃的低温冰箱中冷冻16个小时,然后取出使冰冻融化,此为一个循环。以此类推,循环往复,由于样品在冻融中损失很大,因此只观察记录样品外观的变化情况,记录样品产生裂缝的循环周期,具体结果为破裂、颗粒状剥落、彻底破坏(表2-8)。

经过几轮循环的冻融破坏之后,所选五处未经保护憎水处理的空白砖石类样品产生了严重的破坏。而经过WD-10处理的样品均表现了良好的憎水效果和耐冻融性,说明其对砖石质文物起到了很好的保护作用,但丙烯酸酯对砖石质文物样品的耐冻融性的提高没有多大的作用,对于高句丽样品的保护不太好,4-5个循环后已经发生了颗粒状脱落现象,对大足石刻、西安明城墙、麟游慈善寺石窟、澳门砖石建筑均在8-12个循环后出现了开裂及颗粒状脱落等状况。

表2-8　实验样品经冻融实验后的外观变化情况

样品名称	样品冻融实验中各个循环的变化情形
大足空白	样品发生颗粒状剥落现象,2个循环出现破裂,产生大裂口,8个循环后发生严重破坏
大足WD-10水剂加固	8个循环后并没有严重的破裂剥落现象

① 周双林、潘小伦:《非水分散体加固剂固结砂土能力的研究》,《文物保护与考古科学》2004年第1期,第54页。

（续表）

样品名称	样品冻融实验中各个循环的变化情形
大足WD-10有机溶液加固	8个循环后并没有严重的破裂剥落现象,但伴随了少量的颗粒状脱落
大足丙烯酸酯加固	10-12个循环后发生少量颗粒状脱落
城墙空白	1-3个循环后就发生明显的颗粒状脱落情况
城墙WD-10水剂加固	12个循环后几乎无明显变化,略有颗粒状脱落现象发生
城墙WD-10有机溶液加固	10-12个循环后几乎无明显变化,略有颗粒状脱落现象发生
城墙丙烯酸酯加固	11个循环后发生小细纹开裂
麟游空白	3个循环后发生严重的裂口及颗粒状脱落
麟游WD-10水剂加固	10个循环后发生少量的颗粒状脱落
麟游WD-10有机溶液加固	10个循环后发生少量的颗粒状脱落
麟游丙烯酸酯加固	10个循环后发生少量的颗粒状脱落,一个部位发生起翘
澳门空白	1-3个循环后就发生大面积开裂和缺口
澳门WD-10水剂加固	12个循环后仍保持完整,只发生少量颗粒状脱落现象
澳门WD-10有机溶液加固	12个循环后仍保持完整,只发生少量颗粒状脱落现象
澳门丙烯酸酯加固	12-13个循环后发生小细纹开裂和少量颗粒状脱落
高句丽空白	4-5个循环后发生颗粒状脱落现象

（续表）

样品名称	样品冻融实验中各个循环的变化情形
高句丽WD-10水剂加固	12-13个循环后仍保持完整，但发生少量颗粒状脱落现象
高句丽WD-10有机溶液加固	12-13个循环后仍保持完整，但发生少量颗粒状脱落现象
高句丽丙烯酸酯加固	12个循环后出现了裂口并产生脱落现象

2.4.2.5　耐水能力

本书设计了对加固封护后的砖石样品耐水能力的检验方法：先准备一个水槽，充水使水深大于5厘米，保证其能淹没样品。再把空白样品和经加固剂处理后的样品竖直放入水槽中浸泡，随时观察、记录石样在水中的变化，如表面颗粒脱落、产生裂隙、崩解等，观察1周后的样品状况（表2-9）。

表2-9　实验样品经耐水实验后的外观变化情况

样品名称	一天后样品状况	一周后样品状况
大足空白	有少量颗粒掉落	有大量颗粒掉落
大足WD-10水剂加固	拒水，几乎不被水润湿	具备拒水性，样品仍有强度
大足WD-10有机溶液加固	拒水，几乎不被水润湿	具备拒水性，样品仍有强度
大足丙烯酸酯加固	拒水，几乎不被水润湿	具备拒水性，样品仍有强度
城墙空白	有大量颗粒掉落	样品质地酥软，手触即碎

（续表）

样品名称	一天后样品状况	一周后样品状况
城墙WD-10水剂加固	拒水，几乎不被水润湿	具备拒水性，样品仍有一定强度
城墙WD-10有机溶液加固	拒水，几乎不被水润湿	具备拒水性，样品仍有一定强度
城墙丙烯酸酯加固	拒水，几乎不被水润湿	具备拒水性，样品仍有一定强度
麟游空白	入水产生大量气泡，样品周边掉落碎屑	样品强度大大降低
麟游WD-10水剂加固	拒水，几乎不被水润湿	具备拒水性，样品仍有一定强度
麟游WD-10有机溶液加固	拒水，几乎不被水润湿	具备拒水性，样品仍有一定强度
麟游丙烯酸酯加固	拒水，几乎不被水润湿	具备拒水性，样品仍有一定强度
澳门空白	入水产生少量气泡	被水润湿
澳门WD-10水剂加固	拒水，几乎不被水润湿	具备拒水性，样品仍有一定强度
澳门WD-10有机溶液加固	拒水，几乎不被水润湿	具备拒水性，样品仍有一定强度
澳门丙烯酸酯加固	拒水，几乎不被水润湿	具备拒水性，样品仍有一定强度
高句丽空白	入水产生少量气泡	样品产生碎屑，强度大大降低
高句丽WD-10水剂加固	拒水，几乎不被水润湿	具备拒水性，样品仍有一定强度

样品名称	一天后样品状况	一周后样品状况
高句丽WD-10有机溶液加固	拒水，几乎不被水润湿	具备拒水性，样品仍有一定强度
高句丽丙烯酸酯加固	入水产生少量气泡	具备拒水性，样品仍有一定强度

总体来说，经各种材料处理的不同样品的耐水能力均得到了大大增强。

2.4.2.6　全浸吸水率测量

暂参照国家石材标准（GB/T9966.3-2001）将石样用刷子和蒸馏水清洗干净后放入105±2℃烘箱中干燥30分钟，取出冷却到室温，称其质量m_0（克），精确到0.02克，重复这个过程直到m_0（克）不再变化，说明石块内部不存在水分，已经恒重。再将试样放入室温的蒸馏水中，浸泡1小时取出，用拧干的湿毛巾擦去表面水分，待表面干燥后称量质量m_1（克），精确到0.02克。吸水率Δm_a（%）按下式计算：$\Delta m_a = \dfrac{m_1 - m_0}{m_0} \times 100\%$。将四种样品分别用WD-10水剂、WD-10有机溶液、丙烯酸酯均匀涂抹，放置在空气中固化24小时后，再将试样放入室温的蒸馏水中，浸泡1小时取出，用拧干的湿毛巾擦去表面水分后再分别称量其质量，得到吸水率大小（表2-10）。

表2-10　各防水材料处理后不同样品全浸吸水率的变化情况

样品名称	吸水率Δm_a（%）	吸水率降低程度Δm_a（%）
大足空白	3.45	—
大足WD-10水剂加固	0.89	74.20%

（续表）

样品名称	吸水率 Δm_a（%）	吸水率降低程度 Δm_a（%）
大足WD-10有机溶液加固	0.83	75.94%
大足丙烯酸酯加固	0.79	77.10%
城墙空白	2.89	—
城墙WD-10水剂加固	0.67	76.82%
城墙WD-10有机溶液加固	0.59	79.58%
城墙丙烯酸酯加固	0.58	79.93%
麟游空白	2.76	—
麟游WD-10水剂加固	0.78	71.74%
麟游WD-10有机溶液加固	0.67	75.72%
麟游丙烯酸酯加固	0.67	75.72%
澳门空白	3.21	—
澳门WD-10水剂加固	0.67	79.13%
澳门WD-10有机溶液加固	0.56	82.55%
澳门丙烯酸酯加固	0.56	82.55%
高句丽空白	1.72	—
高句丽WD-10水剂加固	0.42	75.58%
高句丽WD-10有机溶液加固	0.36	79.07%
高句丽丙烯酸酯加固	0.38	77.91%

2.4.2.7 耐喷淋能力

由于露天潮湿环境下的砖石质文物很多都受到水害的侵蚀,水流产生的冲刷力也是不可忽视的病害类型,故加固封护剂必须具备一定的耐水冲击的能力。本书设计了一个简单的模拟耐水冲击的实验,具体实验方法是用水龙头保持一定的流速,将经过加固处理的样品以及用作比较的空白样品分别竖直放在水流正下方的3米,让水流冲击样品的表面,随时记录样品受水流冲击后发生的变化(表2-11),可见经过保护处理的样品均提高了强度,并可以抵抗一定的水流冲刷力。

表2-11 各样品耐水冲击能力

样品名称	水流冲击8小时后样品状况
大足空白	样品发生大颗粒状剥落,表面出现破裂
大足WD-10水剂加固	样品表面并没有严重的剥落、破裂现象
大足WD-10有机溶液加固	样品表面并没有严重的剥落、破裂现象
大足丙烯酸酯加固	样品表面并没有严重的剥落、破裂现象
城墙空白	样品周边发现裂纹、裂口、颗粒状脱落
城墙WD-10水剂加固	表面没有严重的剥落现象
城墙WD-10有机溶液加固	表面没有发现严重的剥落现象
城墙丙烯酸酯加固	表面没有发生严重的剥落现象
麟游空白	样品发生碎裂、坍塌和大面积剥落
麟游WD-10水剂加固	样品表面并没有严重的剥落、破裂现象
麟游WD-10有机溶液加固	样品表面并没有严重的剥落、破裂现象
麟游丙烯酸酯加固	样品表面并没有严重的剥落、破裂现象

（续表）

样品名称	水流冲击8小时后样品状况
澳门空白	样品周边发现了裂纹,裂口加大、缺口加大
澳门WD-10水剂加固	样品表面并没有严重的剥落、破裂现象
澳门WD-10有机溶液加固	样品表面并没有严重的剥落、破裂现象
澳门丙烯酸酯加固	样品表面并没有严重的剥落、破裂现象
高句丽空白	样品周边发现小颗粒状剥落,表面出现小裂纹
高句丽WD-10水剂加固	样品表面并没有严重的剥落、破裂现象
高句丽WD-10有机溶液加固	样品表面并没有严重的剥落、破裂现象
高句丽丙烯酸酯加固	样品表面并没有严重的剥落、破裂现象

2.4.2.8 耐盐能力

本实验从样品耐盐析能力和安定性实验两方面检验加固样品的耐盐腐蚀能力,安定性实验是指样品抵抗可溶盐侵蚀的能力。可溶盐以溶液状态进入多孔砖石质文物后,在反复的溶解-结晶过程中会产生很大的压力,对砖石质文物的结构产生破坏,这种破坏现象循环发生,破坏能力更强。本书将参考《公路工程石料试验规程》中的坚固性试验方法,将砖石样品在5%硫酸钠、氯化钠中浸泡8小时后放置在通风橱中风干,完成一个循环。然后再浸泡再干燥,记录每个循环样品形状的变化情况,共进行10次循环(表2-12)。经WD-10有机溶液和水剂保护后的五处样品的耐盐析能力较强,几乎无明显变化;但丙烯酸酯对于大足石刻的保护效果不是很理想,出现了盐结晶的现象。

表2-12 各种样品耐盐析能力

样品名称	盐结晶状况及耐盐析能力
大足空白	4个循环后样品表面就出现大量盐结晶,有严重酥粉现象,并有颗粒状脱落
大足WD-10水剂加固	10个循环后表面无盐结晶
大足WD-10有机溶液加固	10个循环后表面无盐结晶
大足丙烯酸酯加固	10个循环后表面有一定的酥粉现象
城墙空白	5个循环后表面有一层盐结晶,并有颗粒状脱落
城墙WD-10水剂加固	10个循环后表面无盐结晶
城墙WD-10有机溶液加固	10个循环后表面无盐结晶
城墙丙烯酸酯加固	10个循环后表面无盐结晶
麟游空白	3个循环后表面有大量盐结晶,6个循环后有严重酥粉现象,并有颗粒状脱落
麟游WD-10水剂加固	10个循环后表面无盐结晶
麟游WD-10有机溶液加固	10个循环后表面无盐结晶
麟游丙烯酸酯加固	10个循环后表面无盐结晶
澳门空白	3个循环后表面有一层较厚的盐结晶,严重酥粉,周边颗粒状脱落
澳门WD-10水剂加固	10个循环后表面无盐结晶
澳门WD-10有机溶液加固	10个循环后表面无盐结晶
澳门丙烯酸酯加固	10个循环后表面无盐结晶
高句丽空白	3个循环后表面有絮状结晶

（续表）

样品名称	盐结晶状况及耐盐析能力
高句丽WD-10水剂加固	10个循环后表面无盐结晶
高句丽WD-10有机溶液加固	10个循环后表面无盐结晶
高句丽丙烯酸酯加固	10个循环后表面无盐结晶

2.4.2.9　拒水性效果

潮湿环境中的砖石质文物都普遍受到水的侵蚀，液态水、地下水、地表水、气态水都会给砖石带来不同程度的破坏。因此，降低水对样品的润湿渗透可以防止水分带来的破坏作用，样品的拒水性变化是考察防水效果的一个重要指标。

评价防水性变化情况最简单的方法就是观察水珠在样品表面的润湿情况，具体的操作方法是滴加水滴于各类样品表面，并观察其变化情况。

实验结果发现，未经防水处理的样品防水性差，当水珠滴在样品表面时，逐渐在砖石样品表面铺展，并在较短时间内渗入样品内部。而经过处理的样品水滴就在表面形成水珠，不被表面吸收，具有较好的拒水能力。这种方法比较直观，可以在保护现场作为检验保护效果的直观方法。

2.4.2.10　接触角变化

润湿角是反映耐水性的一个重要指标，因此，我们使用西北大学文博学院的JJC-1型润湿角测量仪来测其润湿角。测量过程中，同一样块在一面上不同位置测量5-6个角度，再进行算术平均，所得角度认为是该块试样的润湿角，润湿角越小，说明吸水性越强，反之则具有一定的疏水性（表2-13）。

在文物保护材料的选择过程中,对防水剂的选择和检验,常用的方法是在对需要保护的砖石质文物的种类和特性进行分析、了解其风化特征的基础上,选取与砖石质文物相同或相似的砖石做样品,切割成一定形状,然后采用选择的防水材料进行处理,并根据一些性能指标对防水效果进行检验。

表2-13　各样品的润湿角

样品名称	接触角(°)	样品名称	接触角(°)
大足空白	60	麟游WD-10有机溶液	95
大足WD-10水剂加固	108	麟游丙烯酸酯	94
大足WD-10有机溶液加固	105	澳门空白	68
大足丙烯酸酯加固	101	澳门WD-10水剂	98
城墙空白	67	澳门WD-10有机溶液	96
城墙WD-10水剂加固	114	澳门丙烯酸酯	96
城墙WD-10有机溶液加固	109	高句丽空白	68
城墙丙烯酸酯加固	109	高句丽WD-10水剂	92
麟游空白	65	高句丽WD-10有机溶液	89
麟游WD-10水剂加固	98	高句丽丙烯酸酯	88

2.4.2.11　耐酸性能

在潮湿露天环境下,砖石质文物受到的空气污染的破坏作用越来越显著,其中尤以含硫化合物、氮氧化合物等酸性气体形成的酸雨最为严重。因此，要求所使用的防水材料具备很好的耐酸性能。能够对砖石质文物起到良好的防护作用。为了实验方便和恶化实验条件，本实验选取1%浓度（体积分数）的硫酸作为酸液检验防水材料的耐酸性，方法为：将石块样品在1%的硫酸溶液中浸泡48小时，取出后用清水洗净，再测量样品的接触角和吸水率（表2-14），并与进行耐酸性能检测实验前的相关数据作对比，比较各防水材料针对不同砖石样品的耐酸性能。

表2-14 砖石经酸液浸泡后全浸吸水率的变化情况

样品名称	吸水率 Δm_a（%）	酸液浸泡后吸水率 Δm_a（%）
大足空白	3.28	9.89
大足 WD-10 水剂加固	0.54	0.63
大足 WD-10 有机溶液加固	0.47	0.51
大足丙烯酸酯加固	0.47	0.51
城墙空白	2.59	8.78
城墙 WD-10 水剂加固	0.48	0.51
城墙 WD-10 有机溶液加固	0.35	0.42
城墙丙烯酸酯加固	0.34	0.41
麟游空白	2.87	7.98
麟游 WD-10 水剂加固	0.39	0.45
麟游 WD-10 有机溶液加固	0.32	0.43
麟游丙烯酸酯加固	0.35	0.43

（续表）

样品名称	吸水率 Δm_a（%）	酸液浸泡后吸水率 Δm_a（%）
澳门空白	1.95	8.96
澳门WD-10水剂加固	0.46	0.56
澳门WD-10有机溶液加固	0.43	0.54
澳门丙烯酸酯加固	0.43	0.54
高句丽空白	1.72	8.56
高句丽WD-10水剂加固	0.42	0.53
高句丽WD-10有机溶液加固	0.36	0.45
高句丽丙烯酸酯加固	0.38	0.48

第3章

高句丽石质文物风化机理及保护方法研究

3.1 高句丽石质文物的保存现状及病害现场调查

考察高句丽古迹遗址,如今留下最多的就是满眼的石头,它们是高句丽政治、经济、文化的标志与物化,这些以石头为载体的文明遗迹与高句丽人息息相关。高句丽以集安为都城达425年,在集安境内留下了数以万计的古墓、碑刻、古城关隘及大批文物[①],而这些遗存无不与石头相关。

集安高句丽王陵及贵族墓葬全部分布在洞沟古墓群中,其中王陵及陪葬墓13座,贵族墓葬27座,均为高品级、特征丰富的墓葬。这些古墓葬中很大一类就是用石材修筑而成的石墓,包括:积石墓、方坛积石墓、方坛阶梯石室墓、封石洞室墓等。石墓的修筑方法为,堆筑石坛,修筑圹室,围筑阶坛,砌筑墓室。

---

① 傅佳欣:《王陵及贵族墓葬:从积石冢到封土壁画墓的演绎》,《中国文化遗产》2004年第2期,第33页。

这些石墓基本位于地表之上,不是用一块完整的石材制成,而是以大小、形状不同的石块垒砌而成。石墓形成不了畅通的孔隙通道,因此地下水及地下水中可溶盐的破坏作用不大。但由于石块之间缝隙较大、接触不密实,使雨水、酸雨、有害气体、尘埃、菌类微生物的孢子和植物的种子很容易接触到石材表面,进而生长繁殖。最终导致石材化学风化、生物风化十分严重,不仅草类丛生,菌类微生物地衣生长繁殖也特别快,严重影响了石墓的原貌。

3.1.1 高句丽石筑古城关隘

在集安市内古山城有五处,以丸都山城为例,它是凭借自然山峰的脊梁建筑的城垣,首创了高句丽文化中与自然环境完美结合的"簸箕形"山城的建筑模式,成为高句丽时期唯一的一处以大型宫殿为核心规划整体布局的山城王都。它皆以石材垒构,关隘三处、哨卡一处也均为石材建筑。处于自然环境中的这些石材建筑,现今墙体大多保留,城内遗迹多埋于地下0.4-0.8米,主要的破坏因素就是树木根系导致砌石位移,山水冲刷导致水土流失和生物风化。

3.1.2 高句丽石刻石碑

以最为著名的好太王碑为例,它是我国碑刻艺术宝库中的稀世珍品,是高句丽20代王——长寿王为纪念其父好太王所立的记功碑。好太王碑由一块天然的角砾凝灰岩石柱稍加修琢而成,基座为一不规则的花岗岩石板,四面环刻1 775个汉字,可辨识1 590字左右,碑文涉及高句丽建国神话、早期王系、好太王攻城略地之功业、守陵制度等。在2003年对好太王碑进行过保护处理,在四周镶上了钢化玻璃,加盖了保护亭[①]，可使其避免受风吹、日晒、雨淋和尘埃的直接侵蚀，减缓了周围环境对其风化的影响。但是由于好太王碑直接与大地相连，地下水及地下水中的可溶盐会随着水分上移蒸发而进入碑体；加上保护亭所用的玻璃使内部通风不良而导致湿度增大，致使碑体内部的可溶盐溶解；保护亭在展览过程中反复开关门，导致可溶盐结晶，可溶盐结晶－溶解－结晶的过程就使其体积反复膨胀－收缩－膨胀，这种活动反复进行使石碑表面产生裂隙，裂隙扩大而使表面酥粉，发生层状剥落。

3.2 高句丽石质文物风化机理分析

气温的反复变化以及各种气体、水溶液和生物的活动使石质文物岩体在结构构造或化学成分上逐渐发生变化，使岩石由整块变成碎块，由坚硬变得疏松，甚至组成岩石的矿物也发生分解，在当时环境下产生稳定的新矿物。这种由于温度、大气、水溶液和生物的作用，使石质文物岩体发生物理状态和化学组成成分或结构变化的过程称为风化[②]。石质文物本身的组成、性质、结构、孔隙大小及胶结物的类型等内部因素对石质文物风化有着直接的影响。

3.2.1 高句丽石质文物化学组成对其风化的影响

不同质地的石质文物受空气中有害气体、酸雨、尘埃、微生物的侵蚀程度大不一样。高句丽石墓所用的石材基本上是以硅酸盐［钠长石 $NaAlSi_3O_8$、钾长石 $KAlSi_3O_8$、钙长石（Ca，Na）

---

① 耿铁华：《高句丽文化遗产的保护与传承》，《通化师范学院学报》2007年第3期，第1-5页。

② 王成兴、尹慧道：《文物保护技术》，安徽大学出版社，2005年，第163页。

$(Si,Al)_4O_8$]为主的花岗岩和以石灰质碳酸钙为主的大理石、汉白玉组成。石墓周边基本上用花岗岩垒砌而成,而墓顶上面多用大小、形状不同的花岗岩或大理石小块堆填而成。属于岩浆岩的花岗岩耐腐蚀的能力比属于变质岩的大理石强很多,所以一般都是石墓周边的风化程度比墓顶的风化程度要轻得多。如高句丽贵族墓1298号石墓石材成分为:钠长石45.49%、钙长石45.49%、绿泥石5.65%、伊利石3.63%;而1298号石墓的风化产物成分为:钠长石22.93%、钙长石44.01%、绿泥石3.4%、二氧化硅32.67%,风化后的产物有些会呈片状剥落,但基本上仍有一定的强度。墓顶上不仅有上述花岗岩类的风化,大理石的风化速度也很快,反应式为:

$$CaCO_3 + CO_2 + H_2O \longrightarrow Ca(HCO_3)_2 \longrightarrow CaCO_3 + CO_2 + H_2O$$

其中大理石由原来坚硬不溶于水的状态风化成可溶于水的$Ca(HCO_3)_2$,而形成的$Ca(HCO_3)_2$极易分解,产物就是粉末状附着在石材表面的强度很小的腐蚀层,稍用力挤压即可破碎脱落。

3.2.2　高句丽石质结构对其风化的影响

石质文物的主要化学组成相同时,石质结构对其风化的影响就很重要。高句丽石质文物的材质基本相同,而高句丽贵族墓的石材比将军坟石材的空隙大,因此与将军坟相比,对外界有害气体、雨水、可溶盐、尘埃的吸附力强,风化速度加快,这就导致了这些贵族墓表面酥粉、剥落比较严重。

3.2.3　高句丽石质胶结物对其风化的影响

石质胶结物对石质文物的风化影响很大,以泥质(绿泥石、伊利石、水云母、高岭土)为胶结材料的石质文物比以硅质为胶结材料的更容易风化。这是因为泥质胶结物遇水容易发生水化作用,使泥质颗粒增大,引起石质膨胀,甚至泥质随水流失,使石质孔隙增大而变得疏松,抵御外界因素破坏的能力变差。

通过对高句丽石质成分的X射线衍射分析结果可看出,其石质胶结物是泥质胶结物,主要成分为绿泥石和伊利石,因而虽然石材本身大多以硅质为主,但也会因其石质胶结物为泥质而易风化。石质中泥质胶结物含量越高,越容易风化。

3.2.4 高句丽石质文物地质地理条件对其风化的影响

高句丽石墓都建在一江(鸭绿江)一河(通沟河)之滨,地下水的活动对于石墓的地基是有影响的,由于地下水及山区复杂的地质变化而导致了石墓地基下沉、石墓发生裂缝。另外,由于集安市的高句丽文化遗存全部位于地质构造的鸭绿江断裂带上,对于年久失修的石筑构造造成了威胁。据记录,历史上曾在鸭绿江断裂带中段发生过震源浅、破坏较强的5级地震,导致王陵石质文物变形、发生裂痕[①]。这些石质文物的变形、裂痕导致降水很容易从裂缝及石块堆积的空隙中漏入、渗入古墓中,使石质中的胶结物发生水化作用,而降雨、有害气体、附着在灰尘中的酸碱盐类物质也会侵蚀石质,加速其风化速度。

3.3 高句丽石质文物风化的外部因素

高句丽石质文物的风化除受到石质本身的组成、结构、胶结

---

① 刘成禹、何满潮:《古王陵变形破坏机理及稳定性研究——以国家重点文物高句丽太王陵为例》,《水文地质工程地质》2007年第5期,第25页。

材料、地质地理等内部因素影响外,还受水、温度、风、沙、石质孔隙中盐溶解-结晶、晶变与潮解等物理因素的影响;还有空气中有害气体、尘埃、酸雨、地下水中可溶盐与石质之间的复分解反应等化学因素的影响;地衣、苔藓、菌类微生物、植物根系等生物因素的影响。

3.3.1　高句丽石质文物风化的物理因素

影响高句丽石质文物风化的物理因素主要有水的结冰-融化-结冰以及水的机械破坏、温度的昼夜变化、风沙吹打磨蚀等。

3.3.1.1　高湿度的环境特征对高句丽石质文物物理风化的影响

高句丽王城的总体布局由城池、山、水三大要素构成,王城三面环山,一面环水,不远处就是鸭绿江,经常可以看到鸭绿江面腾起的阵阵水雾。集安地区被誉为"塞北小江南",即使在冬季也仍然表现为高湿,湿度在冬季低温-17℃下仍可达到80%;日间湿度变化幅度波动也大。1984-2003年年平均相对湿度为71%,年湿润系数为1.89,属于湿润地区。年平均降雨量为881.5毫米,而日最大降雨量达到了1 956毫米,各月降雨量极其不平均,如2003年7月的降雨量是2月份的74倍。从1984年到2003年,年平均蒸发量是1 110.8毫米,各月蒸发量极不平衡。可以看出,高句丽石质文物处在一个多雨高温且湿度变化很大的对石质文物极不利的环境中(表3-1、表3-2)。

3.3.1.2　冻融对高句丽石质文物物理风化的影响

高句丽石质遗存所处的环境中,年平均气温为6.5℃,最低气温达-39.8℃,最大温差可达到50℃。平均结冰期最早是10月24日,封冻一般在11月下旬,解冻一般在4月初,一般冻层为0.4-0.6米,而最深冻层有1.5米。一般结冰期长4个多月。岩

表 3-1　2003 年各月降雨量

月　份	1	2	3	4	5	6	7	8	9	10	11	12
降雨量/mm	4.9	4.2	26	74.5	51.8	76.8	312.5	158.3	48.4	49.4	56	5.8

表 3-2　2003 年各月蒸发量

月　份	1	2	3	4	5	6	7	8	9	10	11	12	全年
蒸发量/mm	12.6	26.9	60.9	132.2	101.4	94.6	90.1	99.4	69.7	72.4	32.7	21.8	816.7

石中的水在冬季结冰,遇到低温结冰时体积会增大1/11[①],而且冰的膨胀力也是相当大的(1克水结冰时1平方厘米膨胀力为960千克)[②],冰胀力的作用会使许多石材在冬季出现裂隙。当水渗入石材内部的孔隙时,将对岩石产生很大的压力,据测定这种压力可达96 MPa[③]。温度升高后冰又融化,压力消失。水反复结冰-融化导致体积涨缩,使石质文物遭到破坏,对高句丽石质文物这种以泥质为胶结物的、孔隙率本身就很大的石材破坏更剧烈。

3.3.1.3 可溶盐的结晶与潮解引起的高句丽石质文物的物理风化

高句丽石质文物中的可溶盐主要因雨水渗入而形成,随着温湿度大幅度的变化对石材本体产生破坏作用。温度下降、湿度增大时,盐分从空气中吸收水分变成盐溶液,渗入岩体内部,并将沿途的盐溶解,盐溶液又可以渗到新的裂隙中;而温度升高、湿度降低时,石材中的水分蒸发,石材毛细隙中的盐分增多,浓度增大,达到饱和时,盐分结晶体积增大,对周围的石体产生压力,产生新的裂隙。如此反复进行,新的裂隙不断产生、扩大,最终导致大型石材上呈现大量裂缝。

3.3.2 影响高句丽石质文物风化的化学因素

高句丽文化遗存位于经济开放强度不大、工业化进程不太明显、植被覆盖率高、生态资源条件比较好的集安市。《环境空气质量标准》(GB3095-1996)将环境空气质量功能区分为三类:一类为自然保护区、风景名胜区和其他需要特殊保护的地区;二类为城镇规划中明确的居住区、商业交通居民混合区、文化区、

---

① 王蕙贞:《文物保护学》,文物出版社,2009年。
② 苑静虎、丰晓军:《云冈石窟风化研究》,《文物世界》2004年第5期,第74页。
③ 宋迪生、王蕙贞:《文物与化学》,四川教育出版社,1992年,第180页。

一般工业区和农村地区；三类为特定工业区。空气质量标准也分为三级：一类区执行一级标准；二类区执行二类标准；三类区执行三级标准。我们将集安市近三年大气环境质量监测结果（表3－3）与我国空气质量标准（表3－4）对比发现，集安市有害气体二氧化硫、氮氧化物的含量符合国家二级标准，总悬浮颗粒物也勉强符合国家三级标准。从以上空气质量监测结果看，二氧化硫、氮氧化物等有害气体对石质文物虽有腐蚀，但风化程度应该不严重。

表3－3　2005-2007年二氧化硫、氮氧化物和总悬浮颗粒物的
年平均值（mg/m³）

污染物	2005年	2006年	2007年
SO_2	0.047	0.042	0.043
NO_x	0.037	0.026	0.027
总悬浮颗粒物	0.147	0.152	0.145

表3－4　《环境空气质量标准》所规定的二氧化硫、二氧化氮和
总悬浮颗粒物的年平均浓度限值（GB3095－1996）

污染物年均值 （mg/m³）	浓度限值		
	一级标准	二级标准	三级标准
SO_2	0.02	0.06	0.10
NO_2	0.04	0.04	0.08
总悬浮颗粒物	0.04	0.10	0.15

但高句丽石质文物的实际情况是风化程度十分严重，风化速度惊人，石质文物表面剥蚀、脱落、酥粉。在雨水可以蓄积接

图3-1 将军坟石质文物表面雨水蓄积处产生的白色腐蚀层

触的部位,表面形成十分明显的白色化学腐蚀层(图3-1)。

为了解高句丽石质文物化学风化程度,我们对高句丽丸都山城古墓群1298号石墓、丸都山城瞭望台及将军坟等不同地点的石材及其风化情况进行观察、分析、研究、比较。通过肉眼观察可以明显看出石质表面风化特别严重,表面变得粗糙、疏松、凹凸不平,风化层厚度一般为5-10毫米,而且还可看到表面有微裂隙,石质本体也有断裂、剥蚀、脱落的情况。为深入研究高句丽石质文物风化程度、风化速度和风化机理,我们在不同位置采集了不同石样及其风化产物,在西安交通大学材料学院国家重点实验室进行了X射线衍射分析(简称XRD分析),使用的是日本理学株式会社D/Max-RA型X射线衍射仪。工作条件为:电流80 mA,电压45 kV,铜钯,石墨单色器(表3-5)。

从高句丽石质文物及其风化产物的XRD分析结果可知,高句丽石质文物所用的石材基本上是以硅酸盐为主的花岗岩和以石灰质碳酸钙为主的大理石、汉白玉组成。其风化速度很快,肉眼观察也可以看出高句丽石材所发生的严重风化现象。

由于高句丽遗存处于一江一河之滨,常年水量充沛,江河面宽,水的蒸发量大,又加上处于两山之间,地势较低,空气中有害气体和水蒸气不易逸散,在年平均相对湿度高达71%的高湿环境下,相互反应形成酸雨而将石质文物表面腐蚀风化——酸性物质与不溶于水的硅质反应生成可溶性物质随水流失,使硅质减少,反应产生的新物质二氧化硅留在石质表面形成一层疏

表3-5　石样X射线衍射分析结果

成分含量\编号	钠长石	钾长石	钙长石	绿泥石	伊利石	SiO_2	$CaCO_3$	备注
1298号墓砖红石 CS-10	45.49	0	45.49	5.65	3.63	0	0	
1298号墓顶白色片状剥落层 CS-9	0	0	0	0	0	2.29	97.01	
1298号风化产物 CS-1	22.93	0	44.10	3.40	0	32.67	0	
2006年11月采石样化学组成 CS-8(1)	44.07	34.97	0	0	0	20.96	0	同一石墓;同一石块;不同时间
2007年7月采石样化学组成 CS-8(2)	22.93	0	0	3.40	0	32.67	0	
将军坟东北角石样 CS-6	49.05	16.23	0	3.50	0	31.67	0	
将军坟东北角风化产物 CS-5	0	16.89	39.76	2.51	6.09	34.76	0	
将军坟东北角石质表面风化产物 CS-7	36.08	26.15	0	0	0	37.77	0	
瞭望台未风化石样 CS-2	86.10	0	0	13.90	0	0	0	
瞭望台石质风化产物 CS-3	36.08	26.15	0	0	0	37.77	0	
山城大殿经加固过石块风化产物 CS-4	16.49	12.23	0	2.90	4.50	63.82	0	此石块加固后平放在地面上

松的腐蚀层,在降雨和风吹的环境下呈颗粒状流失,其腐蚀过程如下:

$$NaAlSi_3O_8+H_2O+SO_2 \longrightarrow Al_2Si_2O_5(OH)_4+SiO_2+Na_2CO_3$$
　　　　　　　　　　　　　　随水流失　　　　可溶盐

$$KAlSi_3O_8+H_2O+SO_2 \longrightarrow Al_2Si_2O_5(OH)_4+SiO_2+K_2CO_3$$
　　　　　　　　　　　　　　随水流失　　　　可溶盐

$$(Ca,Na)(Si,Al)_4O_8+H_2O+SO_2 \longrightarrow$$
$$Al_4(Si_4O_{10})(OH)_8+SiO_2+Na_2SO_3+CaSO_3 \downarrow$$
　　　　　　　　　　　随水流失

$$NaAlSi_3O_8+H_2O+NO_2 \longrightarrow Al_2Si_2O_5(OH)_4+SiO_2+Na_2NO_3$$
　　　　　　　　　　　　　　随水流失　　　　　可溶盐

$$KAlSi_3O_8+H_2O+NO_2 \longrightarrow Al_2Si_2O_5(OH)_4+SiO_2+KNO_3$$
　　　　　　　　　　　　　随水流失　　　　　可溶盐

$$(Ca,Na)(Si,Al)_4O_8+H_2O+NO_2 \longrightarrow$$
$$Al_4(Si_4O_{10})(OH)_8+SiO_2+NaNO_3+Ca(NO_3)_2$$
　　　　　　　　　随水流失　　　　　溶于水

$$NaAlSi_3O_8+H_2O+CO_2 \longrightarrow Al_2Si_2O_5(OH)_4+SiO_2+Na_2CO_3$$
　　　　　　　　　　　　　　随水流失　　　　　溶于水

$$KAlSi_3O_8+H_2O+CO_2 \longrightarrow Al_2Si_2O_5(OH)_4+SiO_2+K_2CO_3$$
　　　　　　　　　　　　　随水流失　　　　　可溶盐

$$(Ca,Na)(Si,Al)_4O_8+H_2O+CO_2 \longrightarrow$$
$$Al_4Si_2O_5(OH)_4+SiO_2+NaCO_3+CaCO_3$$
　　　　　　　　　随水流失　　　　　可溶盐

　　大量有害气体在高湿环境下与水蒸气反应形成酸雨降下,使空气中有害气体浓度大大降低,这就是集安空气中有害气体浓度虽很低,但石质文物却遭到严重腐蚀风化的一个重要原因。

降尘遇到潮湿空气，在石质文物表面形成疏松多孔含有酸、碱性物质并易吸收空气中有害气体的潮湿的腐蚀层，在石质表面黏附腐蚀，破坏作用更大。高句丽遗存都是露天石质文物，长年累月处在这种含有有害气体的腐蚀环境中，使文物表面受腐蚀而凹凸不平，增大了腐蚀面和酸雨及有害气体与石质的接触腐蚀时间。因此，对这种露天石质文物的表面保护可以起到"防微杜渐"的有效作用。

综上所述，就可以解释为何高句丽石质文物所处环境中有害气体浓度符合国家二级标准，却遭到严重的风化侵蚀。其中最根本的是高句丽高湿环境中的水汽，水是其他有害因素腐蚀文物的介质，也是空气中有害气体、尘埃、菌类、可溶盐破坏腐蚀露天石质文物的媒介。

3.3.3　影响高句丽石质文物风化的生物因素

集安有连绵的群山环绕，鸭绿江和通沟河终年水量充沛[1]。一年四季处于高湿度的环境中，各类植物、微生物，特别是苔藓、地衣、菌类微生物在高句丽石质文物上生长、繁殖，它们的生长、代谢、活动与死亡都直接或间接地损蚀破坏着石质文物。

高句丽石质遗存较为常见的破坏是大量植物的滋生，这些植物根系的生长壮大把石质文物的裂缝逐渐胀开，使裂隙不断发展造成严重的机械破坏。地下水还会沿着植物根系带着土壤中的可溶盐慢慢渗到岩石石基中，随着水蒸发，可溶盐会在石质表面及裂缝中析出，加速石质文物的化学风化及物理风化。

高句丽石质文物一直处于高湿度的环境中，苔藓、藻类、地

---

① 田大方、崔莉、郭跃坤：《高句丽王城世界文化遗产保护策略研究》，《中国科技信息》2005年第2期，第211页。

衣等繁殖生长而且常以共生复合体形式存在,这些微生物的酸解作用和络解作用非常强烈,最终会使石体成为含有腐殖质的松散土壤。微生物酸解作用主要表现为岩石中矿物元素以离子形式从岩石中溶出的过程:

$$（矿物）^- M^+ + H^+ R^- \longrightarrow H^+（矿物）^- + M^+ R^-$$

式中 $R^- = NO_3^-$、$RCOO^-$（有机酸根）、HCO_3^-、SO_4^-

生物分泌物和遗体在微生物作用下分解成的各种酸(主要是草酸、柠檬酸、酒石酸、水杨酸等有机酸)是微生物酸解的主要来源。在苔藓、藻类、地衣等共生复合体的生命运动过程中,藻类进行光合作用,制造有机物,真菌吸收水分和矿物为藻类的光合作用提供原料,并使藻类细胞保持湿润。共生体在岩体中形成溶蚀槽,在水和二氧化碳参与时,在岩石表面的毛细缝中溶蚀。溶蚀构造中遗留大量有机质和腐殖质共生体生存过程中产生的草酸与岩石作用生成草酸钙,进而形成氧化表层。微生物进入岩体在表面形成瘤突结,从外向内依次为表面隙晶状深色碳酸盐层、微生物层、浅色碳酸风化层。而微生物的络解作用使微生物在生命过程中形成上述各种有机酸,这些酸作为配体与 Ca^{2+}、Mg^{2+} 等离子形成络合物从岩石中溶出,使岩石遭到破坏。

3.3.3.1　高句丽石质文物上生物标本的采集

调查本着全面、完整的原则,于2006年11月尽可能多地在高句丽石质遗存中比较有代表性的将军坟东北角长方形石材表面、高句丽贵族墓1298号墓顶和周边石材进行地衣标本的采集。采集方法为利用采集刀轻轻采下地衣类菌类,当场装入标本盒,以保证标本的完整性。考虑到采集样品因为天气原因易失水,利用喷壶将地衣体轻轻喷湿,并在地衣下层均匀铺上卫生纸保持湿度,使其在标本盒中仍可自然生长(图3-2)。

3.3.3.2 高句丽石质文物上生物体的鉴定结果

对两次采集的标本经分离、培养等实验(具体采集、分离鉴定方法见第8章)后,共鉴定出地衣2种、苔藓1种。

图3-2 高句丽将军坟东北角采集样品

1. 将军坟东北角样品:苔藓(Tortula sp),属于墙藓的一种。

2. 1298号折天井墓样品:地衣,淡腹黄梅[Xanthoparmelia mexicana(Gyeln)Hale]。地衣体中部常呈单叶状,周边分裂,上表面灰绿色至灰褐色,散生白色微细的假杯点和圆形粉芽堆,无裂芽,裂片边缘有时被灰白色粉霜。下表面淡褐色至暗褐色。假根褐色,单一。子囊未见,含黑茶渍和三苔色酸,可生长在树上或石上,比较常见。

3. 1298号西无顶墓样品:地衣,淡腹黄梅。

本次还鉴定出了5种菌类,分别是圆弧青霉、新月弯孢菌、牵连青霉、沙门柏干酪青霉、米根霉。

1. 圆弧青霉(Penicillium cyclopium westling),属于不对称青霉束状青霉亚组。菌落生长较快,12-14天直径就达到4.5-5厘米,略带放射状皱纹,老化后或显现环纹,纯蓝绿色。在生长期有宽1-2毫米的白色边绿地绒状或粉粒状物质,但在较幼区域作显著束状,渗出液无或较多,色淡,反面无色或初期淡黄色继变为橙褐色。该菌在自然界分布普遍,是鳞茎植物的寄生菌,霉腐材料上亦多发现并且可以产生色素。

2. 新月弯孢菌[Curvularia lunata(wakker)Boedijn],菌落蔓延,近絮状,表面有简单的放射状沟纹,暗灰色,老化后颜色变深。边缘整齐,周围绕以无色区域,背面蓝黑色。在土壤中较多,属于菌中比较常见的种类。

3. 牵连青霉(Penicillium implicatum),菌落为蔓延型,并且菌落为局限型,分生孢子球形或近于球形。它分布很广,也是一种常见菌。

4. 沙门柏干酪青霉(Penicillium camemberti),菌落絮状或棉绒状,初期纯白色,成熟时仍保持白色或缓慢成为灰绿色,反面无色。

5. 米根霉(Rhizopus Oryzae),分布于土壤、空气及其他各种基物上。菌落最初白色,后变为褐灰色到黑褐色,代谢过程中可产生乳酸。

3.4　高句丽石质文物的现场保护实验

3.4.1　高句丽石质文物表面有害物质的清洗

高句丽石质文物表面蒙蔽了大量的水溶性盐、难溶硬壳、灰尘、微生物(地衣、霉菌、藻类)、杂草等,以上污物不仅影响观瞻石质本体,还有加剧风化的作用,从文物保护的原则出发应予以清除。现今国际上流行的清洗法,大致可分四类:水清洗、机械清洗、热清洗和化学清洗。对于高句丽石质文物来说,选用的清洗方法应有效清除有害物,且不应产生任何危及将来再处理的物质,更重要的是不能引起任何严重划痕、裂隙或其他损伤文物表面的后果。清洗时应避免使用强烈的化学试剂,在初步观察后,我们拟采用的清洗方法及原理如下。

3.4.1.1　灰尘、雨水冲刷痕迹的清洗

高句丽石质文物所处环境中工业粉尘类并不多,表面并未

形成坚硬的矿化物质,易于去除,可直接用软毛刷去除;不易去除的部位,可定时喷淋蒸馏水,使表面潮湿,溶解软化表面的易溶盐,而后用毛刷或者牙签清除。

3.4.1.2　表面附着生物的清除

从前文生物的鉴定结果可以看出,高句丽石质文物附着的生物种类繁多,有地衣、苔藓和霉菌,且生物风化面积较大,如不加以阻止,生物风化有愈演愈烈的趋势,必须及时清除并人为控制其生长。在英国、意大利等国家都有成熟的清洗经验和方法可供借鉴,大面积的清洗工作宜用蒸汽洗或喷砂洗,小型清洗及局部清洗用化学试剂[①]。首先可用手术刀将苔藓和地衣与泥土形成的脓包剔除;如果生物与石刻表面形成了平滑、密实的结构,可先用蒸馏水润湿,再用毛刷清除余下的污物;用牙签清除镶嵌到石刻内的部分,或者用50%的丙酮和水的混合液浸泡后清除。操作过程要避免对岩体造成损坏。这样的清洗并没有完全解决问题,空气中的孢子沉积在石质表面仍可以继续生长,残留在石质内的菌丝也可以继续生长,因此需要用实验筛选出的适合高句丽所处特殊环境(高温、多雨、适合菌类微生物生长繁殖)下的不怕雨水冲刷、安全、稳定、高效、低毒、不污染环境的长效防腐防霉杀菌剂对清洗后的石质文物表面进行进一步的处理。

3.4.2　高句丽石质文物表面的封护

根据实验室内对于封护加固的实验结果,最终选取有机硅类的封护剂WD-10水剂、WD-10有机溶液以及丙烯酸酯溶液现场检验其在露天环境下的实际效果。实验选取的是将军坟东

---

① 王记龙:《大学物理(下册)》,科学出版社,2002年,第181页。

图3-3   高句丽将军坟(左:处理前;右:处理五年后现状)

图3-4   封护剂施加后细部防水效果图

北角岩石表面及折天井墓1298号西北角处的岩石表面,两处均有大面积生物风化痕迹,经过清洗、杀菌、封护五年后的效果如图(图3-3)。现场实验中将水滴到已加固封护过的石材表面,水呈水珠滚下而不渗入石材,说明疏水性很好,表面防水效果得到明显改善(图3-4)。

第4章

大足石刻风化机理研究及
保护对策探讨

　　大足石刻是重庆市大足县境内摩崖造像的总称,始凿于唐永徽元年(650年),兴盛于9世纪末至13世纪中叶,余绪延至明、清。石刻题材以佛教为主,兼有道教及中国石窟艺术中不可多得的儒、佛、道三教合一造像。大足石刻中宝顶山、北山、南山、石篆山、石门山摩崖造像为全国重点文物保护单位,以这些石刻为代表的大足石刻于1999年12月被列入《世界遗产名录》,成为我国继敦煌莫高窟之后的第二个享有崇高声誉的石窟。石窟主要位于侏罗系上统的砂岩上,岩石出露厚度为10-30米。大足县域处于川中岳陵与川东平行峡谷的交接地带,石刻造像多位于海拔400-500米的山地中①。

　　大足石刻作为室外文化遗存,多以摩崖造像的形式展现,为开放空间,直接与外界环境相依存。千百年间的冷暖交替、风吹日晒、雨雾侵蚀等自然因素,造成造像岩体风化、失稳、崩塌等

---

　　① 李实、屈建军:《敦煌莫高窟气候环境特征》,《敦煌保护文集石窟保护篇(上)》,甘肃民族出版社,1993年。

损害。近年来,全国范围内的环境污染已成为一大社会公害,大足石刻遭破坏的速度逐渐加快。

4.1　大足石刻所处环境

大足石刻区地质构造属新华夏系第三沉积带四川沉降褶皱带,出露地层为中生代三叠系、侏罗系,总厚度374-1 750米,此外还有新生界第四系河岸堆积物。

大足地处大西南腹地,海拔高度为270-900米,四川盆地西有青藏高原,北有秦岭大巴山,东有巫山,南有云贵高原。大足受四川盆地气候影响较大,温差小,降水量多,蒸发量小,气候湿润,风力较小[1]。大足辖区面积1 399平方公里,辖32个乡镇,其中28个乡镇有石刻分布,因此,大足县域的气象环境也就代表着整个大足石刻文物区的气象环境特征。

4.1.1　温度

可查考的资料分为1958-1985年、1988-1997年两个时间段。1958-1985年年平均气温为17.2℃,极端最高气温40℃,极端最低气温-3.4℃;1988-1997年年平均气温为16.9℃,极端最高气温40.6℃,极端最低气温-2.9℃,温差变化幅度小。

4.1.2　湿度

1958-1985年年平均相对湿度为83%,1988-1997年年平均相对湿度为84%。其原因为盆地四周高山环绕,北方冷空气

---

① 李实、屈建军:《敦煌莫高窟气候环境特征》,《敦煌保护文集》,甘肃民族出版社,1993年。

不易进入，水汽不易散失，常年湿度大。由于相对湿度大而使裸露的摩崖造像易生苔藓霉菌，石刻生物风化严重。

4.1.3 降水量

1958－1985年年平均降水量1 006.6毫米，年降水量1 000毫米以上的就有13年，在28年中占46.4%。夏季本地区受太平洋副热带高压控制盛行海洋暖湿气候，降水量在夏季最高能达到490.7毫米，占全年降水量的49%。雨量充沛，给大足石刻带来了很多保护上的困难。

4.1.4 蒸发量

蒸发量季节间不均，夏季最多，春季次之，冬季最少，年平均蒸发量803.7毫米，年降水量是蒸发量的1.25倍，本区属湿润地区。

4.1.5 风速

以东北风向为主，常年风速小，年平均风速为1.5米/秒，受风的影响较小。

4.1.6 二氧化硫、氮氧化物、总悬浮颗粒物

重庆市是我国大气污染最严重的城市之一，其大气环境状况受大的地理环境特征、大气环流和区内社会经济活动等因素影响。重庆地区地理特征为山区环境，相对封闭，大气环流不畅，大气中的污染物不易扩散、流失，滞留、积聚在大气环境中。重庆市为我国重工业基地，大气污染物主要来自燃料燃烧和工业废气的排放，而在燃料总消耗的比例中，煤炭要占80%左右，燃煤是大气污染的主要来源。

重庆大气污染的特点表现为近地面空气中高浓度的二氧化硫污染。二氧化硫、总悬浮颗粒物和降尘都远高于国家空气质量三级标准（表4-1、表4-2）。根据有关资料，重庆空气中二氧化硫多年平均浓度达到0.39 mg/m³，居于我国23个污染城市之首，也是超标倍数最大的城市。从世界范围来看，它高于20世纪60年代日本东京和美国纽约的污染水平。

表4-1　重庆市大气污染统计表（1993年）（据《重庆环境质量简报》）

污染物	年平均浓度（mg/m³）	日均浓度范围（mg/m³）	年日均浓度超标倍数	最大日均浓度超标倍数	评价标准（mg/m³）
SO_2	0.27	0.02-0.77	1.7	2.1	0.1（年日均值）0.25日均值
总悬浮颗粒物	0.26	0.03-0.94	1	0.9	0.3（年日均值）0.5（日均值）
降尘	14.4	超标1.7倍			5.2t/km²·mo

表4-2　《环境空气质量标准》所规定的二氧化硫、二氧化氮和总悬浮颗粒物的年平均浓度限值（GB3095-1996）

污染物年均值（mg/m³）	浓度限值		
	一级标准	二级标准	三级标准
SO_2	0.02	0.06	0.10
NO_2	0.04	0.04	0.08
总悬浮颗粒物	0.04	0.10	0.15

将大足县环保局近年对大气监测的结果与《环境空气质量标准》所规定的二氧化硫、氮氧化物和总悬浮颗粒物的年平均

浓度限值①做对比,县境内大气遭受一定程度的污染,二氧化硫超标,其中日均值超标率为3.3%-12%,氮氧化物未超标,大气污染物中降尘超标。二氧化硫冬、春季高,氮氧化物冬季高,降尘春秋季指标较高。同时,大足石刻区全年游客量逾60万、旅游车辆众多、居民点集中,其环境与县城人烟稠密区和交通枢纽区相当,存在着中度的二氧化碳污染和烟火降尘等污染,这些污染物都具有强烈的腐蚀作用,有些污染物还会在其传输、扩散过程中与紫外线或其他物质发生物理和化学反应而形成更具危害的二次污染物,如酸雾和酸雨。

据县环保局对北山石刻区的大气监测结果,该地区大气质量可定为轻污染(表4-3;图4-1)。

表4-3　1996年北山石刻区的各项污染指数(来自环保局)

项目	SO_2(mg/m³)	NO_2(mg/m³)	总悬浮颗粒物(mg/m³)	微生物 10³个/m³
7时	0.049	0.02	0.149	0.348
11时	0.036	0.025	0.13	0.787
15时	0.021	0.021	0.05	1.318
19时	0.029	0.01	0.1	0.15
日均值	0.034	0.019	0.11	0.83

但是,风景名胜古迹的环境质量要求用一级大气标准评价,据此北山大气中二氧化硫含量超标数倍。对于宝顶山,此处虽未设监测点,但据相关情况综合考虑,其大气质量可列为

① 惠任:《中国古建琉璃构件"粉状锈"之病变初探》,《文物保护与考古科学》2007年第2期,第17-18页。

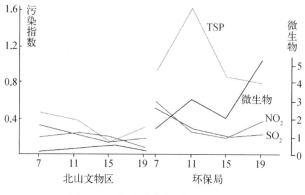

图4-1　北山大气污染物指数图

中污染,若按一级大气标准评价,大气中二氧化硫等项含量超标值肯定较北山高。

1. 二氧化硫的影响

二氧化硫性质活泼,易溶于水,是空气中分布广、危害大的一种酸性气体,是空气污染物的主要成分之一。二氧化硫很容易与空气中的水蒸气化合成为亚硫酸,或者在金属盐类的催化下形成硫酸。

二氧化硫在阳光照射下很容易发生光化学氧化反应,生成三氧化硫:

$$2SO_2+O_2 \longrightarrow 2SO_3$$

当空气污染物中混有氮氧化合物时,二氧化硫还会与光化学烟雾中的物质强烈作用而发生转化。二氧化硫及其转化产物都具有强烈的腐蚀作用且不易挥发,对文物的危害十分严重。碱性砂岩、颜料地仗层以及白至土中有碳酸盐成分,二氧化硫对上述材质的文物破坏机理是:

$$CaCO_3+SO_2+O_2+H_2 \longrightarrow CaSO_4 \cdot 2H_2O+CO_2 \uparrow$$
$$或\ CaCO_3+H_2SO_4 \longrightarrow CaSO_4 \cdot 2H_2O+CO_2 \uparrow$$

很明显,由于二氧化硫的干沉降或者湿沉降,二氧化硫或由它形成的硫酸作用于石质表面,随着二氧化碳的释放生成了新的硫酸钙物质。虽然硫酸钙物质是极微量溶于水,但是在酸性降水中则可增加其溶解性。此外由于硫酸钙随环境温湿度的变化反复再结晶,容易在石质表面形成硬壳而产生剥蚀脱落。颜料中的碳酸钙成分在接触二氧化硫后使得碳酸钙物质体积成倍增大,开始形成疮包,进而膨胀、粉化脱落。

2. 氮氧化合物的影响

氮氧化合物也是大足地区空气污染物的主要成分。在高温燃烧条件下,氮氧化物主要以一氧化氮的形式存在。但在空气中一氧化氮很不稳定,极易与氧反应生成二氧化氮。二氧化氮具有刺激性气味,与水作用后形成硝酸:

$$3NO_2+H_2O \longrightarrow 2HNO_3+NO$$

硝酸是与硫酸同样性质的强酸,能直接对石刻产生腐蚀破坏。由于硝酸是挥发性的,所以对文物的危害相比二氧化硫要小一些。但是二氧化氮是一种强氧化剂和光化学烟雾(臭氧)的引发剂:

$$NO_2+hv \longrightarrow NO+(O)$$
$$(O)+O_2 \longrightarrow O_3$$

因此,二氧化氮的二次污染物对文物的危害不容忽视。

3. 二氧化碳的影响

二氧化碳是一种很容易被忽视的污染气体。大足石刻的二氧化碳主要来源于参观的游客。大足石刻区全年游客量逾60万,尤其是在香火节以及"五一"、"十一"长假期间,游客更是集中而至,游客呼出的高浓度二氧化碳对石质文物的保存极为不利。它会使铅质颜料变成中性的碳酸铅,也会使碱性的石绿变成石青,导致颜料颜色品质变坏。另外,二氧化碳与水汽形成碳酸,使石灰石(主要成分为碳酸钙)转变为能溶于水的碳酸氢钙。随着水分的蒸发,这些碳酸氢钙在石刻表面形成与原石质结构不同的硬壳状的碳酸钙沉淀,进而剥蚀脱落,损害了文物的原貌。

4. 降尘病害

降尘物质中主要成分为轻矿物,主要是石英、长石、方解石、云母,平均粒径0.03毫米,以黏粒为主。这种极细的颗粒,极易侵入石刻造像间隙,使之龟裂,若粉尘越积越多,会产生一种把塑像颜料层往外挤压的力量,导致颜料层大面积脱落。此外,尘埃的形态以棱角状和次棱角状为主。这种棱角状与高硬度的石英颗粒在湍流的作用下,对塑像的磨蚀破坏作用相当严重,会使室外造像颜料层及不少洞窟下部褪色、磨蚀破坏。尘埃对石塑像的侵蚀、磨蚀速度缓慢,不易为人所观察,但其损坏程度却极为严重,会使很多珍贵造像面目全非。而且降尘是细菌、霉菌的良好载体,霉菌一般在20-30℃、相对湿度75%以下繁殖较快,相对湿度95%左右时霉菌生长非常旺盛。它与湿空气结合在一起降落在文物表面形成一层覆盖膜,可使文物变色、褪色。同时尘埃具有静电、极化、氢键和范德华等4种力而紧紧吸附在石刻表面,所以很难在不损坏文物的前提下将其洗掉。又由于大足县气候湿润,尘埃吸收水分后在石刻表面凝结固化,附着牢固,对石造像造成覆盖、侵蚀、腐蚀等破坏。

大足宝顶山摩崖造像是受香火烟尘影响最严重的区域。大足石刻是著名的佛教圣地,宝顶山大佛湾造像素有"上朝峨嵋,下朝宝顶"的敬香礼佛的民间风俗,平时敬香拜佛,燃放鞭炮较多;而到初一、十五,以及传说中的观音生日(阴历三月十九)等重要节日,敬香拜佛的达数万人,人们集聚在以大佛湾为中心的区域,拥挤不堪,鞭炮响声一片,震耳欲聋,香火烟雾弥漫,空气中充满浓烈、刺鼻的硫黄气味与香火尘埃,造成集中、小区域的严重空气污染,对石刻造像造成损害。

大佛湾千手观音造像的降尘危害十分典型,具有代表性。千手观音造像左右两侧区域金箔的色泽、污染程度、附着的沉积土存在明显差异:千手观音右侧95%以上的金箔已风化剥落、变色(暗红色或棕褐色),左侧区域则保存相对较好。右侧区域金箔表面沉积、附着一层较厚的尘土(厚1-5毫米),尘土中主要成分为含有烟尘的有机物,颜色为灰黑色;左侧金箔表面沉积、附着的尘土较少,尘土的颜色为灰色。造成左右两侧保存状况不同的原因是右侧造像下方曾长时间放置一个燃香炉,燃香炉的香火烟尘污染造成造像保存状况存在差异。

4.1.7　酸雨、酸雾的侵蚀

重庆是闻名中外的雾都,大足县也不例外,当雾水酸化形成酸雾,其腐蚀性更为严重,对石刻造像的危害超过酸雨。雾气弥漫,无孔不入,无所不在,无论是龛窟还是露天石雕均受其害。据大足县环保局1986年、1991年、1992年降水监测资料可知,除1986年5月、10月降水pH值大于5.6不属于酸雨外,其余月份均属酸雨。全年pH值分布不尽相同,总的规律是夏春季pH值最低,夏末秋初次之,春末夏初和秋末相对较高。降雨量增大的年份,降水pH值也较高。降水中的酸度主要来自大气中的二氧化硫、总悬浮颗粒物及降尘。

酸雨、酸雾是大气水体污染最普遍的表现形式。重庆地区受四川盆地影响,四周环山,大气环流较弱,常年静风,区域的工业、生活污染物积聚在大气中,不易被吹散,与空气中的水分子结合形成酸水滴,形成了我国西南的酸雨、酸雾重灾区。

酸雨的出现表明大气污染已达到了比较严重的程度。重庆全市酸雨污染面积大,酸雨出现频率高,酸度强。受区域大气环境影响,酸雨、酸雾已经成为大足县地区的主要环境灾害之一,在石刻风化破坏环境影响因素中,酸雨、酸雾沉降是最主要的破坏因素。酸雨、酸雾的形成是一种复杂的大气物理和化学现象,与当地的大气污染状况密切相关。滞留在大气中的污染物与水分子结合,形成酸性水滴悬浮在空气中,如果产生降水,就形成酸雨。根据重庆市环保局几个降水监测点的统计分析,降水化学类型为SO_4^{2-}、NO_3^-、NH_4^+(表4-4);根据大足县环保局监测,大足县地区大气降水 pH 值年平均值4.16-4.46,酸雨率达70%以上(表4-5)。

如果酸性水滴积聚在空气中,浓度达到一定值,缓慢沉降在近地面区域形成气+水滴水雾胶体系,就形成酸雾。酸雾形成的条件是水分在空气中过饱和,并有酸性凝结核。大足县大气中污染物二氧化硫、总悬浮颗粒物、降尘超标,为酸雾形成提供了充足的酸性凝结核。

由表4-6可知:大足县地区酸雨、酸雾污染物的阴离子以硫酸根离子为主,占所有阴离子浓度总和的79%,属硫酸型酸雨、酸雾。

综上所述,大足地区温差小,降水量充沛,蒸发量小,气候湿润。在诸多气象因素中,水是引起大足石刻风化等损害的最主要因素,各种病害都因水的参与而产生或加剧,降雨、蒸发对大足石刻的影响是我们需要关注的重点。另外,冷暖交替、干湿变化等诸多因素也是比较特殊的环境特征。

表 4 - 4 重庆大气降水化学成分及含量

离子成分	H^+	Ca^+	K^+	Mg^{2+}	NH_4^+	SO_4^{2-}	NO_3^-	Cl^-	SO_4^{2-}/NO_3^-
含量（mg/L）	5.21	16.09	1.33	2.21	13.80	31.25	2.74	1.50	11.41

表 4 - 5 大气降水 pH 值、酸雨频率月平均值（1986 年、1991 年、1992 年 3 年平均值）

月　份	1	2	3	4	5	6	7	8	9	10	11	12
pH 值	3.82	4.44	4.30	4.60	5.32	4.85	4.44	4.37	4.45	5.27	4.26	4.11
酸雨率（%）	92	87	90	82	41	56	92	87	93	67	61	97

表 4 - 6 重庆雾水组分统计表（μmol/L）（1984 - 1990 年）

离子成分	H^+	Ca^{2+}	K^+	Na^+	Mg^{2+}	NH_4^+	SO_4^{2-}	NO_3^-	Cl^-	F^-	pH 值
最小值	0.01	62.50	33.33	40.45	15.64	58.89	40.42	22.42	2.87	3.05	2.96
最大值	1 096.00	21 355.00	7 936.00	35 705.22	14 506.18	40 222.22	3 022.23	9 989.31	52 016.90	7 210.58	8.00
平均值	40.98	3 685.37	1 019.86	1 486.38	1 482.74	3 307.48	6 450.04	991.57	2 062.28	1 063.87	4.39

4.2　大足石刻病害现场调查

本次研究对象是北山、南山和宝顶山石刻区三个国家重点文物保护单位。其中北山石刻区环境质量优于宝顶山和南山,北山1952年曾修建石刻廊宇,房廊起到了挡风遮雨的作用,故石刻风化状况不严重,苔藓等植物的生长也很少见。南山在1992年修建了钢筋混凝土仿古窟檐,也起到了一定的保护效果。宝顶山因直接暴露在酸雨、酸雾沉降的环境中,由可溶盐等带来的一系列破坏作用较为严重。观察表明,北山、南山和宝顶山造像遭受风化破坏的情况并不完全相同,其根本原因是造像群体所在岩体之岩石学特征差异,以及不同位置所处的水文、化学条件不同。

北山、南山、宝顶山的石刻都雕凿在自然山体崖壁上,阴湿多雨的气候条件、独特的地理地貌条件、地质构造条件,使石窟岩体、石刻造像表面面临着岩体开裂变形、渗水、产生结构缝隙、风化等病害的侵蚀。其中部分龛窟渗水是大足石刻最主要的病害,造成石刻造像表面岩体结构疏松、粉末状剥落、块状脱落、片状剥落,造像表面形成可溶盐沉积、泥质沉淀堆积,附着在岩体表面的各种低等植物如苔藓、真菌、藻类和硅酸盐细菌等,在其繁殖生长过程中也在不断分解矿物,使岩石逐渐变得疏松、泥化。

一些较大的龛窟,进深较大,对石刻造像的遮护较好,自然破坏营力作用较小,题刻、造像保存较好,比如北山的136号窟、158号窟、245号窟,宝顶山的圆觉洞,南山的三清洞等。

大部分摩崖造像在古人开凿时预留有遮护石檐,具有一定的遮护作用,保存较好,比如宝顶山大佛湾摩崖造像。

一些造像历史上一直建造有保护建筑遮护,保存较好。比如宝顶山大佛湾千手观音造像,造像精美宏伟,百姓信仰朝拜,据考证一直建造有保护建筑,并经过多次妆彩贴金,保存较好。

但是许多尺寸较小的龛窟,进深较小,遮护能力差,直接遭受风、雨、日光照射等自然营力的侵蚀作用,尤其是水的作用,破坏十分严重:许多小型龛窟造像被风化破坏殆尽,或模糊不清失去价值,或部分残破。

4.2.1 北山石刻的保存现状

北山石刻位于大足县城北面1.5公里的龙岗山巅,作为室外文化遗存的北山石刻随着城市工业的高度发展和旅游业的繁荣兴旺,环境中大气污染物及降尘量不断增加、变化,使各龛窟均遭受不同程度的风化剥蚀损坏。1952年曾经修建了北山佛湾石刻保护长廊工程,1990年开始在北山佛湾长廊后檐岩壁修建排水沟,安置钢筋混凝土排水槽,崖顶后坡洼地开挖排水渠,开凿截水排水隧洞。北山石刻由于保护长廊工程的修建起到了挡风遮雨的作用,风化状况得以缓解,藻类等植物的繁殖非常少。而北山孔雀明王窟、五百罗汉窟、水月观音窟这类龛窟深度较大,通风不佳的石刻仍然存在非常严重的风化现象,砂岩颗粒松动,轻刮即掉粒,岩壁上形成大量网状裂纹,棱边掉块,生物风化严重(表4-7;图4-2-图4-5)。

4.2.2 南山石刻的保存现状

南山石刻位于大足县城南,以道教造像和名人题刻为主,为国内保存较完好的道教造像群。通编15号,包括5个造像龛窟,主要有三清古洞、后土圣母龛、龙洞河真武大帝龛等,造像总数约500尊。南山摩崖造像规模不大,各龛窟均开凿在山顶的东、西、南三面石壁上,总长约100米。1956年公布为四川省文物保护单位,1996年作为北山摩崖造像的一部分被国务院列入第四批全国重点文物保护单位,1999年作为大足石刻的代表之一由联合国教科文组织列入世界遗产名录。南山石刻开凿于南宋绍兴年间,无确切开凿年代,明代仍有雕凿,清代至民国增补不少碑刻。

表4-7　北山石刻保存状况调查表

编号	龛窟名称及内容	整体保存状况（完好、较好、较差、差）	残损部位及破坏形式	风化及造像保存状况		生物侵蚀破坏（苔藓、霉菌、树根）
				风化破坏状况（程度：严重、中等、轻微；主要破坏形式）	水的侵蚀病害（裂隙渗水、雨水漫流、凝结水、毛细水及沉积物）	
1	韦君靖像	较差	面、臂、腰残缺	严重；起翘、片状剥落、层理、节理	裂隙渗水、毛细水	苔藓、菌类
2、3	古文孝经赵懿简公	较差	龛檐、碑文均残损	严重；片状剥落、裂隙、层理、节理	水渍、毛细水	苔藓、蕨类
4	观音	较差	部分造像残损	严重；起翘、片状剥落、裂隙层理	水渍	苔藓、地衣残迹、菌类
5	水月观音	较好	龛体、造像表面、龛顶塌落	严重；起翘、片状剥落、裂隙、层理、软弱层	毛细水	地衣、苔藓、菌类
6、7	碑、龛	较好	表面	严重；起翘、片状剥落	水渍	地衣残迹、菌类

（续表）

编号	龛窟名称及内容	整体保存状况（完好、较好、较差、差）	残损部位及破坏形式	风化破坏状况（程度：严重、中等、轻微；主要破坏形式）	水的侵蚀病害（裂隙渗水、雨水漫流、凝结水及沉积物、毛细水）	生物侵蚀破坏（苔藓、霉菌、树根）
8	转轮经藏佛龛	较好	龛部分缺失、窟后软弱层	中等；起翘、粉状起鼓	毛细水、裂隙渗水	地衣、菌类
9~17	线刻、铭文、佛龛	较差	部分造像缺失、表面风化	严重；片状剥落、裂隙、软弱层	水渍、裂隙渗水	地衣残迹、菌类
18	孔雀明王	较好	表面	严重；起翘、结构裂隙	毛细水、裂隙渗水	苔藓、菌类
19	五百罗汉窟	差	像残损、加固	严重；起翘、片状、断裂	裂隙渗水、毛细水	苔藓、草、菌类
20	弥勒下生	较差	部分缺损	中等；起翘、片状剥落	裂隙渗水、毛细水	苔藓、地衣、菌类
21	十三观音变相	较好	缺损2像	严重；起翘、片状剥落、裂隙	毛细水	苔藓、地衣、菌类

图4-2　北山五百罗汉
窟的风化现状

图4-3　北山修建的保护长廊

图4-4 水月观音窟的生物风化现状 图4-5 孔雀明王窟的石刻

南山石刻的主要病害类型为因物理或化学作用产生的粉末状脱落、鳞片状脱落、起翘或起鼓。南山石刻普遍存在风化病害，如1号、6号窟风化严重，2号、3号窟题刻、三清古洞崖壁石刻造像和碑刻、廊亭题刻存在粉末状、片状、块状剥落。南山摩崖造像普遍存在渗水病害，渗水病害加剧了石刻岩体的风化作用，如3号、7号龛、三清古洞顶板。南山植被茂密，森林覆盖率高达23.5%，植物过度生长，影响空气流通，给石刻造成副作用。近50年来，对南山摩崖造像重点实施了洞窟加固和修复、修建保护廊、建筑迁移等抢救性保护与修建工程，对石刻起到很好的保护作用。

南山石刻长期裸露于自然界，风化现象日益严重，故在1992年建立仿古窟檐，起到一定遮风挡雨的效果。但青太秀辰与石龙这样的露天独立小窟龛还是暴露在外界，保存状况不佳（表4-8；图4-6、图4-7）。

表4-8　南山石刻保存状况调查表

编号	龛窟名称及内容	整体保存状况（完好、较好、一般、较差）	石刻及造像保存状况			
			残损部位及破坏形式	风化破坏状况（程度：严重、中等、轻微及主要破坏形式）	水的侵蚀病害（裂隙渗水、雨水漫流、凝结水及沉积物）	生物侵蚀破坏（苔藓类、霉菌、树根）
1	三清古洞	较差	表面剥落	—	—	菌类、苔藓
	中心龛	较好	题记模糊，造像面部模糊，造像头部缺失，顶层饰剥落	严重；起翘，片状剥落，节理发育，裂隙夹层，软弱夹层	—	—
	双龙柱	较好	—	一般；起翘，片状剥落	—	—
	龛右后部侧壁清代题记	完好	—	—	—	—
	龛左后壁	一般	大部分造像缺损部位多	严重；起翘，片状剥落	毛细水	—
	龛左后部侧壁玉帝巡游图、春龙起蛰图	较好	沿裂隙局部缺损	中等；大裂隙发育	—	—

（续表）

编号	龛窟名称及内容	整体保存状况（完好、较好、一般、差）	石刻及造像保存状况			
			残损部位及破坏形式	风化破坏状况（程度：严重、中等、轻微及主要破坏形式）	水的侵蚀病害（裂隙渗水、雨水漫流、凝结水、毛细水及沉积物）	生物侵蚀破坏（苔藓类、霉菌、树根）
2	碑刻洞					
	中部壁面	较好	部分剥落	严重；层理发育、中间裂隙、软弱夹层	—	右下角裂隙，右下部与地面交接处有苔藓、地衣残迹
	右部壁面	一般	部分字迹脱落，有后人涂抹痕迹	严重；节理、层理发育、软弱夹层	—	—
	左部壁面	一般	部分字迹脱落，碑刻及外部有后人刻划痕迹	严重；节理、层理发育、软弱夹层	沉积物	—
3	三圣母					
	主龛	一般	两侧造像大部分缺损，龛顶坍揭后修补	严重；起翘、剥落、节理、层理发育、软弱夹层、裂隙发育	漫流水、水渍	—

（续表）

编号	龛窟名称及内容	整体保存状况（完好、较好、一般、较差）	石刻及造像保存状况		水的侵蚀病害（裂隙渗水、雨水漫流、凝结水、毛细水及沉积物）	生物侵蚀破坏（苔藓类、霉菌、树根）
			残损部位及破坏形式	风化破坏状况（程度：严重、中等、轻微及主要破坏形式）		
3	右侧题刻	一般	局部残损	严重；起翘、剥落、节理、层理发育、裂隙发育	漫流水、水渍	—
	蓊然云起题刻（清）	较好	起字走部残损	严重；节理、层理、软弱夹层、裂隙发育	漫流水、水渍	—
4	玄武大帝	一般	主像面部、右足残损，两臂缺失；两侧造像手部、腰部、腿部缺损	严重；层理、节理发育，中下部软弱夹层（约25厘米）较宽，后壁面、龛顶处软弱夹层起翘、剥落	毛细水	苔藓、地衣、菌类
5	福寿题记	较好	—	中等	漫流水	苔藓、地衣、菌类
6	辰秀太清碑 碑中部	较好	—	中等；层理、裂隙发育	水渍	苔藓、地衣、残迹
	碑右侧龛	较差	无完整造像，墨迹污染	严重；剥落、起翘、层理发育	顶部水渍	—

（续表）

石刻及造像保存状况

编号	龛窟名称及内容	整体保存状况（完好、较好、一般、较差）	残损部位及破坏形式	风化破坏状况（程度：严重、中等、轻微及主要破坏形式）	水的侵蚀病害（裂隙渗水、雨水、漫流、凝结水、毛细水及沉积物）	生物侵蚀破坏（苔藓类、霉菌、树根）
7	题刻	一般	字迹残损，墨迹污染	严重；起翘、剥落、层理发育	—	—
8	题刻	较好	墨迹污染	严重；起翘、剥落、层理发育	水渍	—
9	寿字题刻	较好	墨迹污染	严重；层理发育	水渍	—
10	岭南邝国元题刻	较好	字迹沿后裂隙残损，有后人刻划痕迹	一般；裂隙发育	—	—
11	绝尘题刻	较好	左侧曾坍塌，后修补	严重；起翘、剥落、层理、节理发育	—	地衣残迹、菌类
12	刘灼先题刻	一般	右侧字迹残损，有后人刻划痕迹	严重；起翘、剥落、层理发育	毛细水、水渍	—
13	石龙窟	一般	龙身部分残损，前左足、后右足残损，窟壁曾坍塌，后修补	严重；起翘、剥落、层理、软弱夹层，裂隙发育	毛细水、裂隙渗水	—

图4-6　青太秀辰风化现状　　　图4-7　石龙窟风化现状

4.2.3　宝顶山石刻的保存现状

　　宝顶山石刻的遮挡条件较北山石刻相差很多(表4-9),酸雨、酸雾及沉降物(包括直接降尘)随时可以积蓄,加之石檐顶部降水直接降至地面,可沿壁脚形成毛细水上升而导致盐分迁移积累。因此盐对宝顶山石刻的破坏较为严重,岩壁的风化状况为粉末状、疏松粒状,岩面起壳剥皮形成细线状沟槽。下部岩壁风化破坏普遍因为地面毛细水中盐类迁移,以及窟檐遮挡上部而下部接受飘雨侵蚀所致[①](图4-8、图4-9)。

　　宝顶山石刻风化侵蚀的环境因素中,酸雨和渗水危害加剧是造成岩壁破坏最主要的原因。其中最为著名的千手观音造像,总体依然保持着恢宏博大的气势和壮丽的景观,但仔细观察发现千手观音的岩体、表面敷贴的金箔风化破坏严重——石

---

①　汪东云、张赞勋等:《大足县酸雨形成分布特征及其对石刻造像的破坏作用》,《水文地质工程地质》1995年第3期,第9-15页。

表4-9　宝顶山石刻保存状况调查表

编号	龛窟名称及内容	整体保存状况（完好、较好、一般、较差、严重破坏）	石刻及造像保存状况			
			残损部位及破坏形式	风化破坏状况（程度：严重、中等、轻微及主要破坏形式）	水的侵蚀病害（裂隙渗水、雨水漫流、凝结水及沉积物）	生物侵蚀破坏（苔藓类、霉菌、树根）
1	天父地母像	完好	手、足局部残损	中等；局部风化严重	沉积物	地衣、菌类
2	道祖山君	完好	道祖左脚下踝、字体下部	中等；局部风化严重	沉积物	地衣、菌类
3	王德嘉宝顶	完好	字体局部风化缺损	中等；局部严重	沉积物（题记）	地衣、菌类
	开宝顶碑记	严重破坏	碑上部、中部	严重	—	—
	半身佛	较好	鼻、目、冠饰	严重	沉积物（裂隙处）	地衣、菌类（裂隙渗水处）
	重修宝顶碑	较好	上部、下部	中等	裂隙渗水、沉积物	蕨类植物、地衣、菌类（碑顶及碑首）
	刘超儒书	严重破坏	整体	严重	沉积物、裂隙、漫流水	苔藓、地衣、菌类

（续表）

编号	龛窟名称及内容	整体保存状况（完好、较好、一般、差、严重破坏）	残损部位及破坏形式	石刻及造像保存状况 风化破坏状况（程度：严重、中等、轻微及主要破坏形式）	水的侵蚀病害（裂隙渗水、雨水漫流、凝结水、毛细水及沉积物）	生物侵蚀破坏（苔藓类、菌类、霉菌、树根）
4	镇洞狮	较好	四肢、头部、颈部	严重；层理	裂隙、沉积物	地衣、菌类
	圆觉洞右壁宝顶严刻字	较好	一	中等；起翘	裂隙渗水	地衣、苔藓、菌类
	圆觉洞入口左壁	一般	中部严重剥落、人为破坏	严重；裂隙、层理	沉积物	一
	圆觉洞入口右壁	差	群碑中部	严重；裂隙	可溶性岩类积聚、毛细水	霉菌、地衣（裂隙处、底部）
	牧牛图	较好	莲花、底座、云饰	严重；层理、软弱夹层	凝结水	苔藓、菌类
	牧童成佛图	较差	整体	严重；剥落、层理、软弱夹层	毛细水	苔藓、菌类
	猴戏人牛图	一般	人、牛	严重；层理、节理、软弱夹层	水渍	一
	笛鹤牛人图	一般	人腿、手、鹤腿、牛角、耳	严重；剥落、层理、软弱夹层、节理	水渍	一

（续表）

编号	龛窟名称及内容	整体保存状况（完好、较好、一般、较差、差、严重破坏）	石刻及造像保存状况			
			残损部位及破坏形式	风化破坏状况（程度：严重、中等、轻微及主要破坏形式）	水的侵蚀病害（裂隙渗水、雨水漫流、凝结水、毛细水及沉积物）	生物侵蚀破坏（苔藓类、霉菌、树根）
5	牛上人下图	较差	牛头、人双足、右手	严重；起翘、节理、剥落层，软弱夹层	水渍	地衣残迹、菌类
	3牛3人图	较好	人足、手、牛角、嘴	严重；局部剥落、层理、软弱夹层	—	霉菌、地衣
	人乐牛图	较差	局部	严重；层理、裂隙、软弱夹层	毛细水	蕨类、苔藓、地衣、草本
	双人双牛图	较差	局部	严重；层理、节理、软弱夹层	裂隙渗水	蕨类、苔藓、地衣、草本、菌类
6	入口虎	较差	局部	严重；剥落	裂隙渗水、漫流水	苔藓、地衣、蕨类、菌类
	护法神左三夜叉	较差	头、臂、手残缺	严重；起鼓、起甲	裂隙渗水、毛细水	苔藓、地衣、蕨类、菌类
7	1尊	较差	神面部、手、生肖身体残缺	严重；起甲、软弱夹层	裂隙渗水	地衣、菌类

（续表）

编号	龛窟名称及内容	整体保存状况（完好、较好、一般、较差、严重破坏）	石刻及造像保存状况			
			残损部位及破坏形式	风化破坏状况（程度：严重、中等、轻微及主要破坏形式）	水的侵蚀病害（裂隙渗水、雨水漫流、凝结水、毛细水及水沉积物）	生物侵蚀破坏（苔藓类、霉菌、树根）
8	2尊	较差	神足、臂、面部，生肖残缺	严重；泥土补救、起甲，空鼓残缺	—	—
	3尊	较差	神臂、足残缺，胸部外层剥落	严重；裂隙、起甲	—	—
	4尊	较差	神左手缺失	严重	—	—
	5尊	较好	神右手指、飘带、剑缺失，生肖部分缺失	严重	—	地衣、菌类
	6尊	较好	足肚缺、右臂剥落，生肖部分缺失	严重；起甲、起翘、裂隙	—	—
	7尊	较差	神右手缺损，生肖无	严重；全身起翘、剥落	水渍	—
	8尊	较好	生肖肘、腿残缺	严重；剥落	—	—
	9尊	较差	神左手、右臂缺损，生肖无头	严重	—	—

（续表）

编号	龛窟名称及内容	整体保存状况（完好、较好、一般、较差、严重破坏）	残损部位及破坏形式	石刻及造像保存状况		
				风化破坏状况（程度：严重、中等、轻微及主要破坏形式）	水的侵蚀病害（裂隙渗水、雨水漫流、凝结水、毛细水及水沉积物）	生物侵蚀破坏（苔藓类、霉菌类、树根）
9	护法神右三夜叉	较好	左面部缺损	严重；起翘、剥落	—	—
10	六道轮回图	较好	无常上唇、下身衣褶残缺	严重；起翘、剥落、脚踝处有软弱夹层（5厘米）	—	—
11	广大宝楼阁	较好		严重；底部有软弱夹层	裂隙渗水、水渍	苔藓、蕨类、菌类
12	华严三圣	较好		严重；起翘、剥落	裂隙渗水、水渍	苔藓、蕨类、地衣、菌类
13	舍利宝塔	较好		严重；剥落、起甲	毛细水	苔藓、地衣、菌类
14	毗卢庵	较好		中等；部分起翘	—	—
15	千手千眼	较好		严重；全部均有起甲剥落	—	—
16	舍利	较差	二层檐缺损	严重；起翘、裂隙、层理	毛细水、裂隙渗水、沉积物	苔藓、蕨类、菌类
17	人天壁绘	较差	所有雕像基本无存	严重；起翘、剥落	裂隙渗水、漫流水、毛细水	苔藓、蕨类、地衣、草本、菌类

（续表）

编号	龛窟名称及内容	整体保存状况（完好、较好、一般、较差、严重破坏）	残损部位及破坏形式	石刻及造像保存状况		
				风化破坏状况（程度：严重、中等、轻微及主要破坏形式）	水的侵蚀病害（裂隙渗水、雨水漫流、凝结水、毛细水及水沉积物）	生物侵蚀破坏（苔藓类、地衣、蕨类、霉菌、树根）
18	卧佛	较好	右手指、支撑盘残损	严重；层理、空臌、泛盐	裂隙渗水	苔藓、地衣、蕨类、草本、菌类
	坐像左1	较好	手指、衣褶水泥补	严重；空臌、起翘	—	—
	柱2	较好	表面均修补水泥	严重	—	—
	坐像2	较好	部分修补	严重	—	—
	卧佛前诸尊坐像	较差	残损	严重；水泥修补	—	—
19	九龙浴太子	好	孔雀颈部，王面	中等	裂隙水、毛细水	地衣、苔藓、蕨类、菌类
20	孔雀明王	较好	孔雀颈部，王面，左臂	严重	裂隙水、毛细水、沉积物	苔藓、蕨类、菌类
21	毗卢道场	差	左崖壁塌	严重	沉积物	蕨类、草本、菌类

（续表）

编号	龛窟名称及内容	整体保存状况（完好、较好、一般、较差、严重破坏）	残损部位及破坏形式	风化破坏状况（程度：严重、中等、轻微及主要破坏形式）	水的侵蚀病害（裂隙渗水、雨水漫流、凝结水、毛细水及沉积物）	生物侵蚀破坏（苔藓类、霉菌、树根）
22	门前左边	较差	缺1尊，1尊无头，3尊面部泥土修复	严重	—	—
	门前右边	较好		严重；起鼓、剥落、腰部较弱层	水渍	—
	门前狮子	较差	面部基本缺失	严重	—	—
	毗卢洞	较差	左壁坍塌后修补，缺17个造像头、7臂、狮子头	严重；层理	顶部沿窟檐裂隙渗水	—
23	父母恩重经变相	较好	部分造像残缺	严重；底部软弱层	水渍	顶部地衣、菌类
24	云雷普图	较差	字迹缺失，造像部分缺失	严重；节理/层理	—	—

石刻及造像保存状况

（续表）

编号	龛窟名称及内容	石刻及造像保存状况				
		整体保存状况（完好,较好,一般,较差,严重破坏）	残损部位及破坏形式	风化破坏状况（程度:严重,中等,轻微及主要破坏形式）	水的侵蚀病害（裂隙渗水,雨水漫流,凝结水,毛细水及沉积物）	生物层蚀破坏（苔藓类,霉菌,树根）
25	大方便佛左边	较好		严重;表面起翘,剥落,层理,节理发育	—	—
	主像	较好	衣褶处条带缺失	严重;层理发育,软弱夹层	—	—
	右边	较好	部分残缺	严重;层理,节理发育,软弱夹层	—	—
26	观无量寿佛相左边	较好	部分残缺	严重;层理,节理发育,软弱夹层	—	—
	中间	较好	部分残缺	严重;竖向节理发育,层理,软弱夹层	顶部漫流水	—
	右边	较好	部分残缺	严重;裂隙发育,层理,软弱层	—	—

图4-8　宝顶山卧佛渗水现象　　图4-9　宝顶山牧牛图生物风化现状

刻岩体呈粉末状风化脱落、鳞片状风化剥落、手指突出部位风化破损、雕刻品断裂垮落破坏，以及金箔变色、起翘、脱层剥落。因风化破坏作用岩石结构疏松，强度降低，突出悬空部位的岩石在中立作用下，沿应力集中部位或结构软弱部位开裂，造成岩石垮落。

　　宝顶山石刻保存状况最好的是龛窟深度较大的圆觉洞29号窟内的52尊刻像，砂岩石像表面没有太多明显的生物风化病害，主要原因是圆觉洞自雕刻以来就设立排水管，水害较为轻微。

4.3　大足石刻样品采集及分析检测

　　可溶盐在大足宝顶山石刻的出现与特殊风化、微气候及周围水文条件有关。可溶盐常出现在石刻造像表面及风化的岩石表面，并以不同途径、不同形式对石刻进行侵蚀和破坏。本实验对表面刮取的可溶盐样品进行XRD定量分析以获得现存风化产物的存在形式（图4-10-图4-12），还将大足石刻风化石样

图4-10　砂岩孔隙中的石膏　　　图4-11　表面碎屑

图4-12　大足宝顶山卧佛泛盐样品中的氯化钾离子

中最为典型的剥落样品进行采集分析。分析仪器为D/max-rA型转靶X射线衍射仪,衍射角扫描范围为0°至80°,工作电压和电流分别为40 kV、100 mA,量程为2 000 counts/s,以及用荷兰Philips-FEI公司生产的Quanta200环境扫描电子显微镜进行能谱显微元素分析及判断样品显微结构(表4-10)。

表4-10　大足风化样品SEM-EDS分析元素组成（结合XRD结果）

编号	描　述	分　析　结　果
DZ5	宝顶山千手观音脱落手指灰色粉末状石样，质地酥粉	能谱分析表示O、C、Ca、Si、Mg，表明有碳酸盐$CaCO_3$（方解石）、$CaMg(CO_3)_2$（白云石）、SiO_2
DZ7	宝顶山柳本尊行化事迹图佛像块状剥落	用扫描电镜扫描风化样品表面，微观形貌可以看出风化处表面粗糙，质地松散，表面有许多细小的方解石颗粒，这种粗糙松散的表面结构有利于环境中污染气体、灰尘及微生物的附着，有利于雨水的存留，能谱分析表示O、Si、Fe、Al、Mg、K、Ca，为$CaCO_3$（方解石）
DZ6-3	宝顶山卧佛头像剥落粉末	C、O、S、Ca、Si、Mg、Al、Na，结合能谱分析结果，为$CaSO_4·2H_2O$、$Na_2SO_4·10H_2O$、泻利盐$MgSO_4·7H_2O$、$CaCO_3$（方解石）、$CaMg(CO_3)_2$（白云石）等可溶盐溶盐积聚在表层岩石孔隙中
DZ6-5	宝顶山卧佛泛盐样品，卧佛头像剥落处白色风化手触落的粉末	SiO_2、$NaAl(SO_4)_2 2H_2O$、$CaSO_4 2H_2O$
DZ6-7	宝顶山卧佛泛盐样品，卧佛头像剥落处白色风化手触落的粉末	O、C、Si、S、Al、Ca、Mg、Na、Fe、Cl、K，表明含有石膏$CaSO_4·2H_2O$、芒硝$Na_2SO_4·10H_2O$、泻利盐$MgSO_4·7H_2O$、$CaCO_3$（方解石）、$CaMg(CO_3)_2$（白云石）、NaCl、KCl

（续表）

编号	描　　述	分　析　结　果
DZ6-6	宝顶山卧佛泛盐样品，卧佛头像处剥落白色风化手触刮落的粉末	O、C、Si、S、Al、Ca、Mg、Na、Fe、K，说明含有石膏 $CaSO_4 \cdot 2H_2O$、芒硝 $Na_2SO_4 \cdot 10H_2O$、泻利盐 $MgSO_4 \cdot 7H_2O$、$CaCO_3$（方解石），$CaMg(CO_3)_2$（白云石）
DZ10	北山87号窟黄色水痕处脱落	能谱分析表示 O、Fe、Si、Al、C、Mg，表明有硅铝酸盐矿物，表面红色是铁的氧化物造成的
DZ14	北山136号转轮藏窟表面纹理状风化侵蚀处	镜下观察为圆形矿物颗粒，比较稳定，结合 XRD 分析结果和能谱分析为石英
DZ15	南山辰秀大清表面发红处块状脱落	SiO_2、$Na(AlSi_3O_8)$，能谱分析有 Na、O、Fe、S、Si、Al，结合 XRD 分析结果，表面为硅铝酸盐矿物，岩石表面铁含量很高，说明表面红色是铁的氧化物造成的

4.4　大足石刻风化样品分析及检测结果

结合XRD和扫描电镜（SEM）的结果分析，了解到了大足石刻的风化特点。

4.4.1　大足石刻化学组成对其风化的影响

大足宝顶山岩体碎屑有斜长石、黏土矿物、方解石等，在水的作用下斜长石容易分解为黏土矿物，黏土矿物随水分的变化产生胀缩，胶结质方解石流失，引发岩石结构发生变化，由此决定了宝顶山造像表层岩体易风化的特征。用扫描电镜扫描风化表面，可以看出风化处表面粗糙，质地松散，表面上有许多细小的方解石颗粒，这种粗糙松散的表面结构更利于环境中污染气体、灰尘及微生物的附着，以及雨水的存留[1]。

4.4.2　大足石刻可溶盐的积累

风化岩石组分的另一个特征就是可溶盐的积聚、沉积，风化越严重，可溶盐的含量越高。通过对采集风化岩石的样品分析，发现风化石样中含有大量的可溶性盐，可溶盐类在表层岩石孔隙中富集、积聚，风化产物中可溶盐类型以硫酸盐为主，含量为84%–94%。根据对新鲜岩石、风化岩石中石膏的测试和扫描电镜结果，发现风化越严重，石膏（$CaSO_4 \cdot 2H_2O$）含量越多。在大足石刻砂岩中，并不含黄铁矿等提供SO_4^{2-}的矿物，不能为风化产物提供SO_4^{2-}。在窟檐较深的龛窟内部、部分不能直接接触雨水的部位取样，岩石风化产物硫酸盐类可溶盐含量同样很高，说明可溶盐中SO_4^{2-}来自大气环境。

---

① 王金华：《大足千手观音造像保存状况及病害专题研究》，《中国文物科学研究》2007年第2期。

4.4.3 大足石刻样品结构对石质风化的影响

岩石风化程度越严重,风化岩石颗粒间的联结就越微弱,砂粒间溶蚀缝隙和溶蚀孔隙明显加大,结构变得疏松,孔隙度明显增大。岩石风化后,岩石组分发生很大变化,新鲜岩石中作为胶结物的碳酸盐(方解石)含量很高,方解石呈填充式胶结,随着岩石风化程度的提高,基质胶结物碳酸盐(方解石)严重流失。风化石质样品颗粒与颗粒之间不能紧密接触、互相镶嵌,颗粒孔隙不规则。孔隙主要为溶蚀孔,其中大部分是在原生粒间孔的基础上发生颗粒边缘溶蚀的扩大孔,其次是粒间溶孔,总体上溶蚀程度很高。

大足石刻的岩石主要为砂岩,未风化的砂岩的微观结构为粒状结构和孔隙衬垫结构,颗粒与颗粒之间紧密接触,互相镶嵌。风化石样的微观结构主要为粒间孔隙不规则,孔隙主要为溶蚀孔,部分是在原生粒间孔的基础上发生颗粒边缘溶蚀的扩大孔,其次是粒间溶孔,孔隙分布不均匀,颗粒间联结微弱,孔隙越来越大,结构变得疏松(图4-13-图4-18)。

图4-13　7号风化石样品的碎屑　　图4-14　6-3号风化石样矿物颗粒
　　　　　　　　　　　　　　　　　　　间松散结合不致密

图4-15 6-7号风化样品SEM图

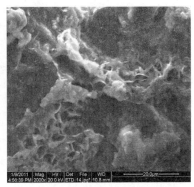

图4-16 风化石样表面的溶蚀孔洞发育

图4-17 10号风化样品中的盐结晶颗粒

图4-18 5号风化样品SEM图

4.4.4 大足石刻生物样品的采集及鉴定

本次从宝顶山、南山、北山石刻区分别采样8份,从外观形貌来看,大足石刻的生物样品为苔藓和地衣类,分离出的菌种见表4-11。

表4-11　分离鉴定出的菌种类别

采样位置	菌　种　类　别
宝顶山	匍枝根霉、三孢布拉氏菌、酵母菌、绿色木霉、橘青霉、木霉菌
北　山	点青霉、微紫青霉、木霉菌
南　山	酵母菌

可以看出危害宝顶山的菌种类别最多，也符合现场调查时宝顶山的生物风化最为严重的实际现状。

4.5　大足石刻病害机理分析

崖顶杂草、灌木茂盛，加之气候湿润，雨季时崖顶岩体处于潮湿状态，水通过岩石孔隙传递、运移。造像崖壁顶部区域的岩体蕴含孔隙水，不降雨或地面雨水蒸干后，孔隙水会失去水源，导致孔隙水蒸发，向岩体表面运移。孔隙水的干湿变化循环过程中，诱发可溶性盐的循环结晶作用、孔隙压力的循环作用，并引发岩石颗粒黏土质基质胶结物的收缩、膨胀等，加剧了孔隙水作用区域岩体的风化破坏。

对石刻造像有影响的水流主要形式为雾水和凝结水，如果有防水窟檐的保护就不会产生雨水对造像的直接破坏，但雨季或降雨时空气湿度增大，水分加大，还是有一定的影响。大足四周有高山，北方的冷空气不易进入，水汽不易散失，导致大足常年阴霾寡照，湿度大。酸雨的直接侵蚀破坏，是大足石刻表面风化严重的重要原因。大足的龛窟一般通风状态不好，窟龛较深，空气中的水汽与岩体接触后在岩体表面凝结成的水即冷凝水就会使岩体润湿，使表层岩体处于饱和状态，冷凝水的存在对岩体的胶结物有一定的溶蚀破坏作用。这些雾水、凝结水的附着、浸润,会对大足石刻表面产生以下破坏作用。

4.5.1 水对砂岩的浸湿、软化、破坏影响

大足石刻一般由砂岩组成,砂岩沉积纹理发育会在纹理面上积聚黏土矿物,遇水后黏土矿物膨胀、崩解,形成力学强度极低的泥质软弱带,并且降低表层岩石的强度。当干燥失水时,泥质收缩、开裂,使层间裂隙扩展、张开,导致岩体片状、层状剥落。

4.5.2 水对胶结物的溶蚀

大足石刻岩石胶结物以泥质、钙质为主,水在浸湿或渗流过程中,泥质胶结物随水的流动被携带迁移,钙质胶结物遇水发生化学溶蚀,被水慢慢溶解,并随水溶解迁移。岩石粒间胶结物流失后,矿物颗粒失去支撑和联结,表层岩石结构松散,强度降低,出现颗粒剥落风化破坏。

4.5.3 可溶盐聚集、结晶、溶解产生的破坏影响

大足石刻龛窟内部的石刻因雕凿而凹凸不平,对飘雨、雾水沉降物具有保存条件,导致可溶盐大量积聚;带有龛檐的遮挡条件较差的石刻,酸雨、酸雾浸润及沉降物、降尘积蓄也较多,加之龛檐顶部降水落地时会沿壁脚形成毛细水上升带,导致盐分迁移积累,故积盐量很大。风化作用生成的石膏($CaSO_4 \cdot 2H_2O$)、芒硝($Na_2SO_4 \cdot 10H_2O$)、方解石($CaCO_3$)、钠硝盐($NaNO_3$)等可溶性盐大量积聚在表层岩石孔隙中。当温度升高时,岩石孔隙中的水分不断蒸发,使毛细孔隙中的盐分增多,浓度加大,当达到饱和浓度时,盐分就会结晶。而

可溶盐结晶时体积加大,对周围岩体产生压力,进而形成新的裂隙。当气温降低时,盐分从大气中吸收水分又使盐溶解,变成盐溶液,渗入岩体内部,并将入渗沿途的盐溶解,渗到新生的裂隙中。如此反复进行,使石质文物中的裂隙不断扩大,强度不断降低。又因为石膏在大足石刻浅表层聚集的硫酸盐中比例最大,当气温到40℃时,气温对岩石的有效影响范围可达10厘米左右,这个温差可促使石膏与硬石膏之间发生周期性变化,当硬石膏变成石膏时体积增大31%,使联结较弱的岩体胀裂剥落。

4.5.4　酸雨、酸雾导致的风化破坏

酸雨可以直接飘落到石刻岩体表面,可以通过崖壁、地面溅落到岩石表面,沿挑檐形成跌落雨帘飘落到岩石表面,霏雨还可以使空气中弥漫的水汽沉降在岩石表面。酸雾一般以沉降的方式沉积在岩石表面形成凝结水或浸润到岩石表面孔隙中,其侵蚀方式比酸雨严重。酸雨、酸雾对石刻的破坏作用机理有两种:一是酸雨、酸雾沉积在岩石孔隙中的成盐作用及其诱发的可溶盐盐蚀破坏作用;二是酸雨、酸雾对表层岩体的淋蚀作用和酸性阴离子(主要是SO_4^{2-}和CO_3^{2-})对岩石矿物颗粒的化学溶解、水解泥化作用。

4.5.4.1　酸雨、酸雾成盐及盐蚀破坏影响

酸雨、酸雾对石刻的主要破坏作用是为岩石表层可溶盐(以硫酸盐类为主)的生成和积聚提供丰富的阴离子,产生可溶盐循环溶解、结晶作用,破坏岩石表层的结构,加剧岩石的风化破坏。据前文分析结果,风化产物中可溶盐类型以硫酸盐为主。大足石刻砂岩中,不含黄铁矿等提供SO_4^{2-}的矿物,不能为风化产物提供SO_4^{2-},但在遮护比较好,无雨水、人为活动影响的部位

取样,风化产物中硫酸盐类可溶盐含量同样很高,说明可溶盐中的 SO_4^{2-} 来自大气环境中的酸雨、酸雾。

石膏($CaSO_4 \cdot 2H_2O$)在风化破坏作用中起着至关重要的作用,酸雨、酸雾携入的 SO_4^{2-} 与地下水中或岩石风化产物的 Ca^{2+} 结合形成石膏。其由硬石膏水化为石膏时体积增大31%,产生膨胀压力,极易将岩石孔隙撑大,砂粒间联结力降低、减弱,结构变得酥松。

芒硝($Na_2SO_4 \cdot 2H_2O$)的破坏作用与石膏作用机理类似,酸雨、酸雾携入的 SO_4^{2-} 与岩石中 Na^+ 结合形成芒硝。由于芒硝(Na_2SO_4)溶解度比 Na_2CO_3 大,所以 Na^+ 在岩石孔隙中容易与 SO_4^{2-} 结合,快速迁移,造成芒硝结晶和积聚。芒硝与无水芒硝相互转化,无水芒硝转化为芒硝时体积增大1.04倍,产生巨大的膨胀压力。

4.5.4.2　酸雨、酸雾溶蚀作用

SO_4^{2-} 对岩石中方解石($CaCO_3$)起溶蚀破坏作用:方解石在纯水中的溶解度仅为0.003 g/100 g水,但受氢离子等作用生成 $Ca(HCO_3)_2$ 后溶解度为16.6 g/100 g水,溶解度大大增加,溶解的 Ca^{2+} 更易与 SO_4^{2-} 作用生成石膏或随酸雨流失,所以随着风化程度的严重,方解石含量降低,石膏含量升高。方解石为砂岩的胶结物,胶结物减少,岩石结构就将变得疏松。

$$\left. \begin{array}{l} CaCO_3 \\ Ca(HCO_3)_2 \end{array} \right\} \longrightarrow \begin{array}{l} SO_2 \\ H_2O + CaSO_4 \cdot 2H_2O \end{array}$$

酸雨、酸雾中 SO_4^{2-} 和 CO_3^{2-} 的另一个破坏作用是在酸性条件下促使硅酸盐水解,以及与岩石中重要的矿物组分长石(钾长石、钠长石)发生化学反应,碎屑矿物被溶蚀,形成黏土矿物,使原有结晶胶结的坚硬岩石演化为充填大量泥质的软弱岩石。

$$4KAlSi_3O_8+nH_2O \longrightarrow$$
$$Al_2Si_2O_5(OH)_4(高岭土)+2H_2SiO_3+6SiO_2nH_2O+4KOH$$
$$2NaAlSi_3O_8+2H_2O+CO_2 \longrightarrow Al_2Si_2O_5(OH)_4+SiO_2+Na_2CO_3$$
$$2NaAlSi_3O_8+2H_2O+SO_2 \longrightarrow Al_2Si_2O_5(OH)_4+SiO_2+Na_2SO_3$$

大足石刻表层岩石凹凸不平,结构疏松,片状剥落,造像模糊不清,而酸雨、酸雾的沉降侵蚀、盐化作用是最为主要的病害因素。

4.5.5 水对大足石刻表面生物生长的促进作用

大足石刻区气候温暖潮湿,四周为高山,潮湿的水汽不易散失。大足石刻表面因雕凿而凹凸不平,容易积累生物孢子,加上潮湿的环境,使摩崖造像易滋生苔藓霉菌。它们不仅在文物表面形成各种色斑,影响文物的原貌,还因微生物的酸解和络解作用使石质文物发生生物风化。

4.6　大足石刻的保护与展望

大足石刻所处区域雨量充沛,地下水丰富,对造像危害极大。要长期动态地对现场进行监测,查清造像区水文地质条件、水污染现状作用机理、化学特征和变化规律,以制定评价标准,为大面积化学保护和渗水工程提供可靠的科学依据和理论基础。

4.6.1 大足石刻本体的保护方法

我们主要对大足石刻的各种污物、可溶盐、油烟、霉菌进行了清洗,并且对石刻进行了防霉、防苔藓、防藻类保护处理。

4.6.1.1　大足石刻尘埃的清除

当落在文物上的尘埃遇到潮湿空气时,尘埃中的可溶性酸、碱、盐就会腐蚀文物。我们对大足石刻造像上尘埃采样的分析结果表明:石膏($CaSO_4 \cdot 2H_2O$)占42%,熟石膏($CaSO_4 \cdot 0.5H_2O$)占39.8%,复盐$Na_{10}Ca_3(SO_4)_8 \cdot 6H_2O$占18.2%。我们采用软毛笔配合蒸馏水刷除尘埃。

4.6.1.2　雨水冲刷痕迹的清洗

直接用离子交换水清洗,除去易溶于水之污物,雨水冲刷痕迹用5%的六偏磷酸钠$Na_2[Na_4(PO_3)_6]$溶液清洗。

4.6.1.3　油烟、霉菌的清洗及保护处理

牧牛道场图处有一片乌黑的油烟和霉菌,我们采用14%的$NH_3 \cdot H_2O$和5%-10%的丙酮清洗,效果十分明显,油烟、霉菌被全部清除。此处砂岩渗水很严重,特别潮湿,为了防霉,又用0.4%的霉敌乳剂处理,以便在文物表面形成一个防霉、透气、无眩光的保护膜。

4.6.1.4　绿色污物、黑色污物、黄色污物的清洗

绿色污物既有霉菌又有生长着的低等植物群体,先用竹签机械清除,再用去离子水清洗。为了防止病变复发,再用0.4%的霉敌乳剂作杀菌剂,防霉、防苔藓和地衣。黑色污物大多为坏死的地衣、地衣分泌物及霉菌,先用去离子水浸湿石刻表面,然后用50%的丙酮水溶液清洗,可除去绝大多数污物,再用14%的氨水清洗,污物基本上可以全部清洗掉。黄色污物基本上为石膏风化产物、霉菌、苔藓、地衣等的共生复合体,清洗时先用去离子水浸润石刻表面,再用等体积的水、丙酮、14%的氨水及5%的草酸混合液清洗,先除去薄层黄色污物,再用50%的丙酮清洗,效果很好。

4.6.1.5　可溶盐的清洗

对于可溶盐的清洗要充分利用石刻内部的毛细作用和纸

质纤维纹理的协同抽吸作用。我们在石刻造像可溶盐较多的部位,采用多层纸张贴敷在石刻表面,使纸张与石刻表面紧密相贴,石质中的可溶盐会在石刻毛细作用和纸张纤维纹理的协同抽吸作用下进入纸张糊敷层,待纸层干后留在纸纤维中,此时揭下纸张。如此重复几次。再用5%的EDTA溶液代替去离子水进行贴敷,并保持24小时,几乎贴敷的石刻表面都析出许多白色针状结晶,在纸上干翘处有近5毫米长的针状结晶,用小的软毛刷刷除结晶后,再用EDTA溶液贴敷多层吸水纸,反复操作,直到不再有盐分析出。EDTA溶液夺走岩石孔隙中的Ca^{2+}、Mg^{2+}等阳离子并形成稳定的络合物,在水分完全蒸发后,吸附在纸张纤维中,而CO_3^{2-}、SO_4^{2-}等阴离子则与EDTA溶液中的Na^+形成可溶性钠盐析出在岩石表面。这样,石质浅层的盐溶液浓度降低,深处的离子就会加快迁移速度,使盐分清理更加迅速,比纸张糊敷法效果更好、更简便。如果用$Na_2[Na_4(PO_3)_6]$代替EDTA溶液,则效果更好。

4.6.2 大足石刻本体的保护展望

文物本体保护包括岩体稳定性加固、治水、表面保护、小环境监控、古建筑修缮等方面内容。大足石刻保护工作主要分为两个方面,即日常维护、保护工程和专项保护工程。

4.6.2.1 日常维护、保护工程

大足石刻病害破坏的主要形式是渐变的,只有当破坏效应积累到一定界限时,才可能产生骤发性的破坏。因此,日常维护保护工作是文物保护工程的重要内容,不但可以对文物起到保护作用,更重要的是对文物起到预先的防护作用,防患于未然,防止产生骤发性大规模破坏。

2000年10月国际古迹遗址理事会中国国家委员会通过的

《中国文物古迹保护准则》第三章《保护原则》第二十条规定：定期实施日常保养。日常保养是最基本和最重要的保护手段。要制定日常保养制度,定期监测,并及时排除不安全因素和轻微的损伤。第四章《保护工程》第二十八条规定：对文物古迹的修缮包括日常保养、防护加固、现状修缮、重点修复四类工程。《中国文物古迹保护准则》明确了日常维护、修复保护在文物保护工作中的地位和重要性。

日常维护保护工程一般包括两个方面的工作,如果通过调查发现损伤直接发生在文物本体上,将破坏文物的完整性、完美性,损害或毁灭文物的价值；如果损伤出现在文物载体环境或周边环境上,将诱发其他病害,威胁文物的安全。因而加强文物的日常监测、维护修复是文物保护工作的重要内容之一,是防止病害积累诱发重大灾害的预防性保护工作。

大足石刻是沿自然崖壁开凿的摩崖造像,其保存更易受到山体构造因素和环境条件的影响,经常出现造像岩体开裂、变形、风化破坏及剥落、垮塌破坏。而这些损伤、破坏规模小,不可能列入重大专项工程,但其危害严重,如等待重大专项工程一起考虑,造像可能已遭到破坏。经常性的维护修复是最有效、最经济的保护手段。

大足石刻的维修保护主要依据历史文献、碑刻的造像题记,对于大足石刻的保护维修工作要遵守"不改变原状"的文物保护基本原则,采取传统工程手段与现代科学技术手段相结合的方式进行。

4.6.2.2 建立专项保护工程

专项保护工程主要针对渗水病害,在科学调勘的基础上,针对大足石刻的地理地貌特征、地质构造条件,采取地表防渗排水与地下截流、排水相结合的综合治理措施。通过改造整治窟檐排水沟,平整窟顶底面,开挖地面排水沟,开凿排水隧道,将山体的渗水截留,引导到隧洞中,治理北山石刻的水害问题[①]。按水流的形式,将侵蚀石刻造像的水害类型分为:屋面漏水病害、地表径流水病害、裂隙渗水病害、凝结水病害。对于水害的治理是重中之重,主要可以采取堵截、引导等措施,较大规模地改善造像区周边环境,在龛窟中建立渗水、冷凝水观测点,对洞窟内的温度、湿度、渗水点进行观察记录,为根治水害提供科学依据。1953年曾对宝顶山大佛湾九龙浴太子龛排水沟进行了凿深加宽工程,保证了水流畅通,避免洪水冲击岩壁及殿宇。还可以在造像后壁岩体中适当部位开凿隧洞,以截断流向造像立壁的各方渗水,如1994年北山摩崖造像的北段排水隧洞工程就有效地治理了该处的水害。另外,为了减少地表水的渗入,可以在造像立壁顶部铺设防渗层,并沿造像立壁走向和倾向设立做过防渗处理的排水系统汇集雨水,集中排泄,石门山石窟顶部就曾做过防渗排水处理,收到良好效果[②]。

---

① 童登金:《大足石刻的保护与展望》,《文物保护与考古科学》2003年第3期,第57-60页。

② 童登金:《大足石刻的保护与展望》,《文物保护与考古科学》2003年第3期,第57-60页。

第5章
西安明城墙病害机理及保护研究

5.1 西安明城墙地理位置

西安明城墙位于陕西省西安市中心区,平面呈长方形,墙高12米,底宽18米,顶宽15米,东墙长2 590米,西墙长2 631.2米,南墙长3 441.6米,北墙长3 241米,总周长11.9公里。共有城门17座,其中较大的四座为:东长乐门,西安定门,南永宁门,北安远门,每座城门都由箭楼和城楼组成。整座城墙包括护城河、吊桥、闸楼、箭楼、正楼、角楼、敌楼、女儿墙、垛口等一系列设施,严密完整。

5.2 西安明城墙所处环境的地质与气候情况

西安市位于关中平原中部,北临渭河,南依秦岭,城区的大气受陕西省自然位置的影响很大。陕西属大陆季风性气候,南北延伸800公里以上,所跨纬度多,从而引起境内南北间气候的明显差异。风向以东北风为主,平均风速1.8 m/s。西安市属暖温带半湿润大陆性季风气候,冷暖干湿,四季分明。冬季寒冷、风小、多雾、少雨雪;春季温暖、干燥、多风、气候多变;夏季炎热多雨,伏旱突出,多雷雨大风;秋季凉爽,气温速降,秋淋明显。西安市区年平均气温13.7℃,气温变化幅度较大,最冷月(1月)月平均气温−0.1℃,最热月(7月)月平均气温26.6℃,极端最低气温−16℃,出现在1977年1月30日,极端最高气温41.8℃,出现在1998年6月21日。西安地区气温日温差不下于10℃,年较差不下于50℃。白天在阳光的照射下,砖坯表层首先升温,由于砖块是热的不良导体,热向砖块内部传递的速度很慢,遂使内外出现温差,各部分膨胀不同,形成与表面平行的风化裂隙;夜间温度下降,砖体表层由于大气温差迅速散热降温、体积收缩,内部由于白天吸收的太阳辐射热量缓慢的传递而与表面形成温差,形成了与表面垂直的径向裂隙。

西安市年平均降水量580.2毫米,且多集中在夏、秋两季,夏、秋两季降水量占全年总降水量的78.7%;年平均相对湿度70%,月相对湿度最低为63%,最高为79%,降雨量在春、夏较集中,对砖体冲刷较强,加上相对湿度较高,必然引起砖体的反复膨胀和收缩,对于墙体的整体保存不利。

将西安市2000−2008年的大气环境质量监测结果与我国《环境空气质量标准》(GB3095−1996)所规定的有害气体浓度限制[1]做对比(表5−1、表5−2),发现城墙所处的西安市的有害气体二氧化硫、二氧化氮的含量基本符合国家二级标准,但2007年以后污染程度有所加深,总悬浮颗粒物在2005年以后基本超过国家三级标准。

---

① 惠任:《中国古建琉璃构件"粉状锈"之病变初探》,《文物保护与考古科学》2007年第2期,第17−18页。

表5-1　《环境空气质量标准》所规定的二氧化硫、二氧化氮和
总悬浮颗粒物的年平均浓度限值（GB3095-1996）

污染物年均值 （mg/m³）	浓　度　限　值		
	一级标准	二级标准	三级标准
SO₂	0.02	0.06	0.10
NO₂	0.04	0.04	0.08
总悬浮颗粒物	0.04	0.10	0.15

表5-2　西安市主要污染物年平均浓度

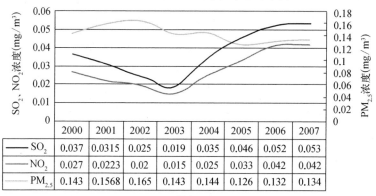

	2000	2001	2002	2003	2004	2005	2006	2007
—— SO₂	0.037	0.0315	0.025	0.019	0.035	0.046	0.052	0.053
—— NO₂	0.027	0.0223	0.02	0.015	0.025	0.033	0.042	0.042
—— PM₂.₅	0.143	0.1568	0.165	0.143	0.144	0.126	0.132	0.134

年/a

　　西安市处于我国酸雨区西北边缘，依据1987-2000年的监测数据分析，西安市降水的pH值和酸雨是由大气中碱性物质和酸性物质的相对浓度决定的，西安市在1988-1994年降水pH值较高且年际变化较小，1994-2000年降水pH值显著下降，酸雨出现频率变化较大，其中酸雨危害以1996-1997年最为严重[①]。

―――――――――

　　① 韩亚芬：《西安市酸雨及化学成分时间变化分析》，《陕西师范大学学报》2006年第4期，第109-113页。

5.3　西安城墙的保护发展情况

　　西安城墙范围是隋、唐长安城皇城所在地,后经宋金元各代到明代正式形成。隋文帝在581年取代北周建立隋朝后,权且沿用汉长安城为首都,同时筹划创建新都。开皇二年(582年),隋炀帝命宇文恺在汉长安城东南兴建隋大兴城。据程大昌《雍录》记载,宇文恺利用《周易》乾坤理论和《考工记》的都城建城理念设计兴建隋大兴城。

　　隋大兴城布局分内城和外城两部分,内城又分为宫城和皇城,外城为郭城。符合《古今注》所说"筑城以为君,造郭以守民"的筑城理念。唐朝建立后,继续沿用隋大兴城为首都,并改大兴城为长安城,长安城成为当时世界上最为宏伟壮丽的首都。唐朝末年,长安城历经连年战火,屡遭破坏。唐昭宗天祐元年(904年),军阀朱温胁迫唐昭宗迁都洛阳,对长安城进行了一次毁灭性的破坏。同年,唐朝在长安城设佑国军,从此,长安城失去了首都的地位。当时,为了适应军事防御的需要,佑国军节度使韩建放弃了已被破坏殆尽的宫城和郭城,重修皇城作为防守长安的城垒,史称新城。五代时期,长安城尽管失去了国都地位,但仍是控制西北的军事、经济重镇,城墙仍沿用唐皇城建制。明朝建立后,朱元璋于洪武三年(1370年)封次子朱樉为秦王镇守西北,同年七月命西安府长兴侯耿炳文、都指挥使濮英在元代奉元城的基础上将西安城墙分别向北、向东扩建了三分之一。明代修建的西安城墙,换算成现代的长度单位为东西长约2 600米,南北长约4 200米,周长13.74公里,面积11.5平方公里,四周有宽18米、深10米的护城河环绕。明初的城墙为夯筑土墙,即为现在西安城墙的基本形制。

5.3.1　西安城墙的历代维修

城墙从明洪武三年至十一年（1370-1378 年）建造完成，经历先后三次较大的维修，据明万历《陕西通志·建置》载：万历十九年（1591 年），赵廷瑞修城楼；隆庆二年（1568 年），巡抚张祉给城墙外墙体包砌青砖；崇祯末年，巡抚孙传庭修四关关城。至此，形成了西安城墙的基本规模。

清乾隆《西安府志·建置》载，明末，李自成起义军攻打西安，从东门进入西安城，在这次战争中，东门城楼、南门月城及闸楼被毁。

清顺治二年（1645 年）在西安建立地方政府并设陕西巡抚，顺治六年在明秦王府城墙的基础上扩建满城，使其成为内城，康熙二十二年（1683 年）在西安城东南设汉军绿营。

民国《咸宁长安两县续志》载，清代陆续又对西安城做了一些维修和加固工作，乾隆四十六年（1781 年），陕西巡抚毕沅大规模地修补四周城墙及四门城楼。毕沅首先削宽补窄整修了城墙墙体，其次统一了城墙海墁及墙体的坡度，最重要的是在这次维修中他重新设计、统一了全城的排水系统，每隔 40-60 米修建的排水口外接石质吐水嘴，将雨水迅速导入流水槽，减少了雨水对墙体和海墁的损害。在这些工程之外，他还维修了城楼等附属建筑。

辛亥革命时期，陕西革命军总指挥张凤翙组织革命军攻打满城时引爆了作为弹药库的北门城楼，从此北门城楼不复存在。北伐战争时期，直系军阀镇嵩军刘镇华围攻西安，使南门箭楼毁于战火。抗战时期，为了防止城墙上的城楼、箭楼被飞机轰炸失火和有利于士兵御寒，当地驻军对西安城墙上城楼、箭楼的墙体、平座进行了包砖改造。陇海线铁路修成后，为了修建西安火车站,打开了今尚德门至尚勤门段的城墙。

墙体原有的十二处豁口在1983年以后的维修中有十一处已被连接。城上恢复了敌楼十八座、角楼三座、魁星楼一座,恢复了南门月城及闸楼①。火车站段的墙体豁口于2005年连接完成。目前大部分城墙墙体和城上建筑保存完好。

5.3.2   西安明城墙的保存现状

5.3.2.1   西安明城墙过度开发

城墙上以经济开发为前提的项目比较多,造成人为破坏:活动越来越多,为了招引游人,在城墙上挖洞栽杆支灯架,这些洞穴使雨水直接灌入城墙内造成严重损坏。近年来,西安城墙成为旅游热点,人流量大,电瓶车、自行车多,而且城墙内外修建了许多高楼大厦,导致墙体负载过大,对于城墙的长期稳定保存十分不利。

5.3.2.2   西安明城墙墙体的保存现状

由于城墙长期暴露于自然环境中,墙砖表面出现碎片状剥蚀、脱落,砖与砖之间的灰浆老化失效。由于墙基或墙体的不均匀沉降导致城墙多处出现垂直贯穿裂隙、锯齿形斜向裂隙、顶面纵向裂隙,裂隙内部还生长植物根茎,更加深了不规则的竖向裂隙。城墙顶部海墁局部出现外凸现象,内外墙体分离,病害严重的在凸起部位产生墙体开裂。这种病害对城墙的危害较大,凸起部位墙体随时可能塌落,并带动周边墙体发生局部坍塌。据现场观测了解到墙体的主要病害如下(表5-3)。

---

① 孙黎等:《西安城墙》,陕西人民出版社,2002年。

表5-3　西安明城墙墙体的主要病害

分　类	外　　观	位　　置
整砖完好	肉眼看不见有风化碎裂的迹象，颜色变浅，表面大面积泛霜，尤其在距离地面较近的位置	大部分1985年重新修缮时使用的新砖
块状松散	产生大量的风化裂隙，整砖会散落成不同大小的碎块，砖体颜色较为深暗，碎块中分布着较硬的颗粒，表面凹凸不平	城墙中部
层状剥蚀	表面一层一层剥落，由表及里，断口颜色改变，剥蚀程度不一，部分泛盐	分布在城墙各处，尤其距离地面7-8米处的明代老砖
酥碱粉化	层状剥蚀进一步酥碱粉化，手触即成粉末，失去砖色，有的外层形成板结外壳，内部酥粉	距离地面较近位置的明代砖

5.4　西安明城墙的病害现场调查与分析

西安明城墙本体分为砖体内部的夯土芯以及外包的砖。筑城的砖都是实心黏土砖，砖体内部的土坯由石灰、土和糯米汁混合而成。

5.4.1　墙体沉降、裂缝、鼓胀

西安城墙墙体上大小裂缝不计其数（图5-1），仅西门瓮城就有76处裂缝，裂缝最宽处达10厘米之多；南门以东第二马面裂缝也很严重（图5-2）；建国门新盖厕所下沉，导致裂缝直至墙下。裂缝在外力的作用下日益加大，导致雨水下渗墙身，直接破坏墙体，对城墙墙体安全影响很大。排水设施损坏严重，导致排水不畅，雨水长期积累，下渗墙体，裂缝日益增大。

图5-1　西门城墙墙体上的裂缝　　图5-2　含光门附近的裂缝

中山门南马道、城墙东北角最为严重,有的裂缝甚至从城墙垛口一直延伸到底部。小南门到西南城角,裂缝也较为严重,有的裂缝达到了30厘米。墙体的沉降、裂缝、鼓胀产生的原因有很多,主要为以下几点:首先墙体夯土芯在南城墙文昌门东开通巷至西城墙玉祥门之间,为唐代和明代的夹叠夯土层,其他地方夯土层主体为明代所建。近几年的考古发掘,发现唐代夯土较明代的细致,土体密实,含水量高。由于两种夯土存在着差异,在夯土层黏结度上,墙体夯土芯存在着很大隐患。由于夯土层的变化,玉祥门以南第三、第四马面城墙外侧墙体已向外突出。其次在城墙中孔洞、暗堡、防空洞很多。在20世纪80年代对城墙的大规模修复中,曾对部分孔洞进行了打水泥桩或用砖支撑处理,对城墙墙体造成了很大隐患,1983年北门箭楼东侧墙体垮塌和2004年西门南侧第一马面夯土塌陷即为例证。西门箭楼北侧地基下沉,也是因防空洞所致。另外西安城墙内外修建了众多高楼大厦,致使地基荷载增大,加之过度开采地下水以及城墙各种孔洞压力过大,造成城墙地基下沉,城顶海墁城砖开裂,墙体沉降、裂缝。

由于西安明城墙的墙基大多是在生土层上开挖而建,土体中含有较多的易溶盐,墙体在地下水、毛细水、雨水冲刷等作用下,土体中可溶盐向墙根聚集,形成了墙体可溶盐上面少下面多的情况。可溶盐,其遇水周期性的溶解收缩-结晶膨胀-再溶解收缩,破坏了墙体原有的晶体结构,严重降低了墙体力学性能,使其结构遭到破坏——晶体结构变得松散、黏聚力下降、强度降低。在风沙的搬运作用和雨水的冲刷作用下,墙体表面物质不断被运走,墙基不断被掏蚀凹进,墙体受力结构遭到了破坏,产生应力重分布,墙体为了达到一个新的受力平衡点会出现裂缝以卸去内应力,墙体受到以上反复的作用,裂缝就会变多变宽,直至墙体坍塌。同时可溶盐通过反复结晶-溶解-再结晶的作用会在表面结壳,墙体也会产生裂缝。这是由于盐在孔隙内结晶,随着晶体慢慢发育,其粒径大小超过孔隙的尺寸,孔隙尺寸被晶体撑大,对垂直的孔隙壁产生一种压力,在平行于被结晶盐填满的孔隙表面产生小裂纹;随着晶体继续生长,裂纹会撑大变宽,最终形成裂缝。根据实地调查,了解了西安明城墙墙体上的裂缝、鼓胀的分布情况(表5-4、表5-5)。

表5-4　西安明城墙墙体裂缝调查表(NO.*[#]代表第*号马面)

编　号	部　　位	3毫米以上裂缝数量(条)
NO.6[#]	东南角北侧约20米墙体上	1
NO.8[#]	南侧	1
NO.15[#]	南侧	1
NO.17[#]	南侧、东侧	2
NO.19[#]	东侧	1
NO.21[#]	南侧、东侧	2

编　号	部　　位	3毫米以上裂缝数量（条）
南门瓮城	墙体、东登城坡道处、瓮城东侧	3
NO.23#	南侧	1
NO.31#	南侧、东侧	2
NO.36#	北侧	1
西门瓮城	瓮城内南侧、瓮城外东墙体	2
NO.43#	南侧、北侧	2
西北角	南侧、西侧、北侧	3
NO.68#	东侧	1
NO.70#	东侧	2
东北角	南侧、东侧、北侧、西侧	6
NO.96#	南侧	1

表5-5　西安明城墙墙体鼓胀调查表

病害名称	病害发生部位
墙体鼓胀	北门瓮城内西墙
墙体鼓胀	北门瓮城内北墙
墙体鼓胀	南门瓮城内北墙
墙体鼓胀	西门城楼下外侧南墙体
墙体鼓胀	第46号马面（含海墁沉降）

5.4.2　墙体泛盐、表面风化剥蚀

　　西安明城墙表面泛盐到处可见,主要发生在城墙侧面的中上部,城墙的顶部平面以及排水沟附近(图5-3、图5-4)。城墙侧面中上部的盐分结晶主要发生在城墙外侧距地面7-12米的范围内,内侧主要发生在新补的砖面上。同时,城墙的南侧较北侧严重,西侧较东侧严重。由于制砖材料中含有较多盐分,夯筑墙体土壤里也含有较多盐分,墙砖的水分和墙体内部的水分通过墙体表面蒸发,盐分就会结晶形成沉淀被残留下来。降雨为城墙砖体带来大量盐分。对西安地区降雨化学组成的测定可知:阳离子以Ca^{2+}为主,平均浓度为269.35 μmol/L,Na^+次之,平均浓度为40.25 μmol/L;阴离子以SO_4^{2-}为主,平均浓度为370.48 μmol/L,

图5-3　城墙侧面随处可见的泛盐

图5-4　城墙海墁处严重泛盐　　　图5-5　城墙表面发生的严重
　　　　　　　　　　　　　　　　　　　　　　　风化剥落

NO_3^-次之,平均浓度为82.01 μmol/L[①]。随着温度上升,水分慢慢蒸发,盐溶液就会结晶膨胀,在墙体表面沉积下来,使城墙表面泛白,西安明城墙墙体主要的剥蚀、泛盐位置如表5-6。

城墙南侧、西侧以及上下城墙坡的侧面风化严重。由于城墙盐分不断溶解收缩-结晶膨胀-再溶解收缩-再结晶膨胀,循环破坏了墙体结构,降低了墙体力学性能,使墙体黏聚力下降、强度降低,表面就会形成凹凸不平的结构面,凹凸不平的表面土体由于相互之间的联结作用减弱,在外应力作用下渐渐出现粉化、脱落等现象(图5-5)。

表5-6　西安明城墙剥蚀、泛盐情况调查表(NO.*[#]代表第*号马面)

名　称	部　位	情况描述
NO.2[#]	墙体	整体剥蚀、泛盐
NO.8[#]	建国门西墙体、马面上部7[#]-8[#]马面海墁	剥蚀、泛盐严重

---

① Klenz Larsen P., "Desalination of a painted brick vault in Kirkerup Church", *Proceedings of ICOM-CC 12th Triennial Meeting Lyon* 29, 1999, vol II: pp.473-477.

（续表）

名　称	部　位	情况描述
NO.9#	马面东、西两侧,8#-9#靠近女墙内侧海墁	剥蚀、泛盐严重
NO.9#-10#	海墁整体	剥蚀、泛盐严重
NO.11#	东侧墙体、马面整体	剥蚀、泛硝盐
NO.12#-13#	12#马面整体、13#马面西侧墙体	整体剥蚀、泛盐
NO.16#	16#马面东侧墙体向东第1-4垛墙下	局部剥蚀、泛硝盐
NO.20#-21#	20#马面西侧墙体,20#-21#城墙上半部分	局部剥蚀、泛盐
NO.22#	22#向南侧第4垛口墙体、马面西侧墙体	局部剥蚀、泛盐
NO.28#	西侧第3垛口处墙体	局部剥蚀、泛硝盐
NO.29#	马面南侧和东侧整体	马面南侧局部、东侧整体
NO.32#	马面整体	整体剥蚀、泛盐
NO.33#-34#	33#马面整体,34#马面南侧第10-30垛口之间	33#整体剥蚀、泛硝盐,34#局部剥蚀、泛盐
NO.31#	31#马面整体	整体剥蚀、泛盐
NO.33#-34#	海墁整体	整体剥蚀、泛盐
NO.38#-39#	38#马面南侧至39#马面墙体	整体剥蚀、泛盐
NO.43#	43#马面南侧	局部剥蚀、泛盐
NO.51#	西侧墙体、南侧墙体	局部剥蚀、泛盐

（续表）

名　　称	部　　位	情况描述
NO.53#	西侧墙体、南侧墙体	局部剥蚀、泛盐
NO.56#-57#	56#-57#马面上半部墙体、57#马面东、南、北三面大部分	大面积剥蚀、泛盐
NO.57#-58#	57#-58#马面上半部分大面积墙体	大面积剥蚀、泛盐
NO.61#	61#马面西侧大面积墙体	大面积剥蚀、泛盐
NO.62#	马面西、北小面积墙体	局部剥蚀、泛盐
NO.66#	马面西侧大面积墙体	大面积剥蚀、泛盐
NO.67#	马面东、北侧小面积墙体	局部剥蚀、泛盐
NO.69#	马面整体	整体剥蚀、泛盐
NO.70#	马面西侧墙体、北侧大面积墙体、东侧小面积墙体	大面积剥蚀、泛盐
NO.70#-72#	70#-71#马面上半部分通体墙，70#-72#马面部分墙体	大面积剥蚀、泛硝盐
NO.72#	72#马面三面墙体	局部剥蚀、泛盐
NO.73#-74#	73#马面西侧墙体，73#-74#整体墙体，74#马面北侧	大面积剥蚀、泛盐
NO.77#	马面北侧墙体	局部剥蚀、泛盐
NO.82#	西侧墙体	局部剥蚀、泛盐
NO.83#	马面西侧墙体	局部剥蚀、泛盐
NO.84#	马面东侧墙体	局部剥蚀、泛盐
NO.85#	马面三面墙体	大面积剥蚀、泛盐

（续表）

名　称	部　位	情况描述
NO.87#	马面西南侧墙体	局部剥蚀、泛盐
NO.88#	马面南侧墙体	局部剥蚀、泛盐
NO.91#	马面东侧墙体	局部剥蚀、泛盐
NO.93#	马面整体、墙体	整体剥蚀、泛盐
NO.95#-中山门	马面整体向北至中山门	大面积剥蚀、泛盐
NO.96#	马面南侧、北侧墙体	大面积剥蚀、泛盐
NO.97#	多处墙体	局部剥蚀、泛盐
NO.98#	东侧墙体	局部剥蚀、泛盐
东南角台	两侧踏步	整体剥蚀、泛盐
南门瓮城	内侧以东墙面、登城坡道及门洞东侧，内侧以西墙面，外侧东、南、西墙，外侧北墙偏西	大面积剥蚀、泛盐
西门瓮城	外侧南墙体，东、西两门洞，内侧西墙南北墙面	局部剥蚀、泛盐
北门瓮城	西登城坡道及墙体，外侧南墙	大面积剥蚀、泛盐
小南门	内侧东墙体、内侧马道墙面、内侧西墙第4排水槽处	大面积剥蚀、泛盐

5.4.3　古建筑彩绘层的起翘、脱落

　　城墙城楼、箭楼、角楼等部位珍藏有大量的珍贵明清彩绘，如长乐门保存300余年的千余平方米、安定门保存600余

年的千余平方米、北门箭楼保存600余年的百余平方米的精美彩绘,这些彩绘为研究明清彩绘的工艺和建筑艺术史提供了重要资料。在数百年岁月里,遭受风化侵蚀和污染,造成色彩、图案淡化及彩绘层起翘、脱落,有的甚至消失殆尽,无法辨认。

5.4.4　西安明城墙的生物病害

　　城墙的东、南、西、北门及南门东过车洞、和平门、中山门、小南门均存在霉菌附着现象,这种真菌类微生物的侵蚀很常见(图5-6、图5-7)。我们对采集的样品进行培养、分离、纯化,直至得到单一的纯种菌种后进行鉴定,得出橙红色酵母菌、菜豆刺盘孢霉、散囊菌,均为常见菌落。

图5-6　西门瓮城顶部菌类生长　　　图5-7　城墙排水管道内部生物体

5.5　西安明城墙风化样品采集及分析检测

5.5.1　西安明城墙泛盐样品采集检测

　　文物建筑泛盐的严重程度并没有一个统一的规定,借鉴《砌墙砖试验方法》(GB/T2542-2003),泛盐程度可以划分如

表 5-7。由此可见,西安砖墙产生的泛盐现象基本属于中等泛霜和严重泛霜,值得我们给予一定的重视,分析到底析出的是哪种盐类,盐类的来源是否受到古建筑所用的特殊材料或环境影响,这种现象的形成原因值得我们分析。

表 5-7　《砌墙砖试验方法》(GB/T2542-2003)泛霜程度描述

无泛霜	试样表面的盐析几乎看不到
轻微泛霜	试样表面出现一层细小明显的霜膜,但试样表面仍清晰
中等泛霜	试样部分表面或棱角出现明显霜层
严重泛霜	试样表面出现砖粉、掉屑及脱皮现象

城墙顶部的砖块,大多是 1983 年修缮时更换的,这些砖块与墙体侧面的古砖相比,泛白严重;而近几年更换的砖块,较 1983 年更换的砖块盐分结晶泛盐现象更为严重,如在城墙南门至文昌门内侧,2007 年由于阴雨导致城墙内侧 600 多米坍塌,在重新修复、更换新砖以后,这些新砖结晶泛白严重。这就与砖的选材和工艺有关。国内外对于砖石建筑受到盐害的研究已经有了大量的研究成果和具体的实例,大多数研究都集中在盐害产生机理,但对于城墙的盐害问题,很少人给予重视。要从本质上理解盐害机理,才能在此基础上寻找控制盐害产生的各项因素,才能在一定程度上解决盐害问题。

为了解城墙墙砖的风化状况和泛盐的形成原因,我们分别在城墙的十个不同位置取样,每个位置取不同高度盐样及风化砖样 4 份,采用 X 射线衍射法对采集的风化样品及泛盐盐样进行分析。分析仪器为 D/max-rA 型转靶 X 射线衍射仪,衍射角扫描范围为 0° 至 80°,工作电压和电流分别为 40 kV、100 mA,量程为 2 000 counts/s,以及用荷兰 Philips-FEI 公司生产的

Quanta200环境扫描电子显微镜进行能谱显微元素分析,来确定可溶盐成分及其在城墙墙砖上的分布规律,进而分析盐类溶解、结晶情况下成分、结构变化及对砖质的影响(表5-8)。

表5-8 西安明城墙泛盐成分的XRD分析结果

样品号	取 样 位 置	分析结果
1	第33-34号马面之间西侧墙体距离地面11米处	$NaCl$、$NaNO_3$
2	第34-35号马面之间西侧距离地面11米处	$NaCl$、$NaNO_3$
3	含光门博物馆门口现代新建砖距离地面1米处	Na_2SO_4
4	含光门博物馆门口现代新砖距离地面0.5米处	Na_2SO_4
5	西门瓮城西墙南侧	$Na_2SO_4 \cdot 10H_2O$、Na_2SO_4

上表是泛盐样品的成分分析结果,结果表示城墙泛盐成分多为$NaCl$、$NaNO_3$、Na_2SO_4、$Na_2SO_4 \cdot 10H_2O$等(图5-8),样品中检测出一定量的石英,考虑为取样时混入砖粉所致。其成分以芒硝$Na_2SO_4 \cdot 10H_2O$为主,这种可溶性硫酸盐的存在可能是砖体本身所含有,在外部环境条件的作用下,由砖料内部向外迁移至表面富集,在溶解、结晶的循环作用下,形成泛盐现象,也有可能是由于有害气体中的SO_2、SO_3遇水在砖材表面形成可溶性硫酸盐。城墙砖体表面下结晶的盐越多,风化状况就越严重,盐在砖体孔隙中结晶富集,由基质生长的晶体对孔隙壁产生压力,其强度足以加宽缝隙;随着缝隙加宽,蒸发量加大,溶液供应量减少,导致盐类由柱状晶形变成须状晶形而细细长出;只

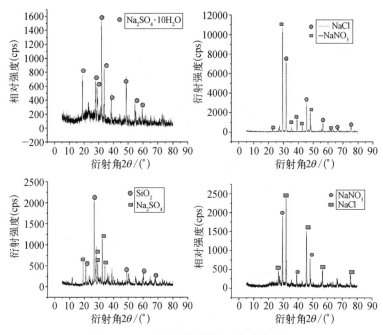

图5-8　西安明城墙墙体泛盐成分分析

要它们的生长点与溶液接触,须晶就不断生长,它们可以让砖体剥落起翘部分从表层分离[1]。当盐在多孔材料表面结晶形成盐霜时,盐结晶的部位是在表面还是在内部,取决于溶液供应和蒸发作用,在表面结晶的盐越多,风化作用就越严重。

　　NaCl为无色透明或白色单晶体,玻璃光泽,风化面呈现油脂光泽[2]。密度2.165 g/cm^3,熔点801℃,沸点1 413℃。易

_____

　　① 杨善龙:《敦煌莫高窟崖体中水盐分布现状初步研究》,兰州大学硕士学位论文,2009年。

　　② 何法明、刘世昌、白崇庆等:《盐类矿物鉴定工作方法手册》,化学工业出版社,1988年,第326-328页。

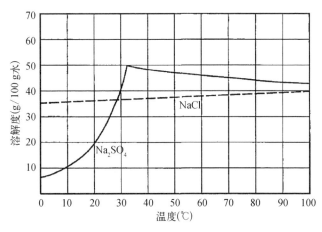

图5-9　NaCl和Na$_2$SO$_4$的溶解度

溶于水、甘油，微溶于乙醇、液氨，不溶于盐酸。在水中的溶解度随温度变化而变化（图5-9），吸湿性强，易潮解[1]。在调查Kirkerup教堂砖墙风化现状时认为，NaCl在所有盐害问题中占主导地位[2]。

　　Na$_2$SO$_4$俗称"无水芒硝"，白色透明或白色、无臭、有微弱的咸味，有潮解性。外形为无色、透明、大的结晶体或颗粒性小结晶体[3]。Na$_2$SO$_4$具备两种较为稳定的状态：无水芒硝（Na$_2$SO$_4$）和芒硝（Na$_2$SO$_4$·10H$_2$O）。无水芒硝在平衡状态下，在温度高于32.4℃时从溶液中直接析出（图5-9）。芒硝在温度低于32.4℃时处于稳定状态。无水芒硝和芒硝的溶解度分别随

　　① 杨善龙：《敦煌莫高窟崖体中水盐分布现状初步研究》，兰州大学硕士学位论文，2009年。

　　② Klenz Larsen P., "Desalination of a painted brick vault in Kirkerup Church", *Proceedings of ICOM-CC 12th Triennial Meeting Lyon* 29, 1999, vol II: pp.473-477.

　　③ 何法明、刘世昌、白崇庆等：《盐类矿物鉴定工作方法手册》，化学工业出版社，1988年，第326-328页。

着温度升高和降低而变化。在相对湿度低于71%（20℃）时芒硝脱水形成无水芒硝[1]。

5.5.2　西安明城墙砖材可溶盐形成原因

5.5.2.1　地下水或地表水中可溶盐的析出

西安明城墙的防水构造不良，城墙根部潜水与地表相通，大气降水和地表水可以直接渗入补给潜水。如果地面下的土壤中含有大量的可溶性无机盐，就会伴随着潮气、水分因毛细作用运动而进入砖墙内；如果地下水中含有大量可溶盐类，如氯化钠，原料中掺入这类水质，就会导致泛盐[2]。根据砖类文物中黏土砖毛细孔孔隙率、孔径及联通形态的不同，被毛细孔吸提的护城河和地面下的潮气和水分，最低可达地面1 200毫米，最高可达到地面的2 500毫米[3]，长时间缓慢地将水分中的盐分引入砖构件内部，经过长时间的干湿交替作用，墙体就会出现泛盐现象。下表是西安东门地区地下潜水的水质分析结果（表5-9）[4]，从中可以了解到东门地区潜水中含有大量的属碱金属和碱土金属的可溶盐，如硫酸盐、硝酸盐、盐酸盐、碳酸盐等，在水分持续蒸发作用下，渗入砖材深处的盐溶液受毛细作用而使 Na^+、Ca^{2+} 等阳离子及 SO_4^{2-}、Cl^-、NO_3^- 等阴离子随水分的移动而向砖材表面迁移，在砖材表面析出白色盐类，或形成絮状可溶盐沉积在砖材孔隙中。

---

① 杨善龙：《敦煌莫高窟崖体中水盐分布现状初步研究》，兰州大学硕士学位论文，2009年。

② 赵镇魁：《浅谈砖瓦制品的泛霜》，《中国搪瓷》2001年第3期，第36-38页。

③ 郭瑞亮、李志国：《对页岩砖泛霜相关问题的讨论》，《建筑工程》2008年第3期，第35页。

④ 于平陵、张晓梅：《西安城墙东门箭楼砖坯墙体风化因素研究报告》，《文物保护与考古科学》1994年第2期，第7-15页。

表5-9　西安东门地区地下潜水水质分析结果

分析项目	含量 /mg/L^{-2}	/mmol/L^{-2}	/X%
K$^+$	246.6	10.721	51
Na$^+$	94.4	4.71	22.4
Ca^{2+}	67.8	5.58	26.6
Mg^{2+}	0.04	0.002	
NH$_3^+$			
pH			
以碳酸钙计 总硬	515		
暂硬	401.4		
永硬	113.6		

分析项目	含量 /mg/L^{-2}	/mmol/L^{-2}	/X%
Cl$^-$	156.7	4.42	21
SO$_4^{2-}$	163.8	3.41	16.2
HCO$_3^-$	489.4	8.02	38.2
CO$_3^{2-}$	0	0	0
NO$_3^-$	320	5.162	24.6
NO$_2^-$	0.052	0.001	
溶解性固体	1374		
COD	0.6		
可溶性SiO$_2$	10.9		

5.5.2.2　西安地区降雨引入的可溶盐

可溶盐也与城墙所处的自然环境有关,特别是与降雨、温度关系密切。西安年降雨量平均为600毫米,主要集中在7月、8月、9月,这些降雨有时形成特大暴雨。降雨一方面渗入砖体并沿着城墙顶部砖隙下渗到墙体,由于毛细孔的毛细作用,毛细水将可溶盐带出墙体表面;另一方面降雨为城墙砖体带来了大量盐分,西安地区的降水离子浓度见表5-10。

表5-10　西安地区的降水离子浓度(μmol/L)[①]

降水水样(70个样品)	日期	Ca^{2+}	K^+	Mg^{2+}	Na^+	Cl^-	NO^{3-}	SO_4^{2-}	pH
平均值	2007年1月至2008年1月	269.35	28.55	33.25	40.25	10.68	82.01	370.48	5.86

西安地区降雨的化学组成中,阳离子以Ca^{2+}为主,平均浓度为269.35 μmol/L,占阳离子总量的77.4%,Na^+次之,平均浓度为40.25 μmol/L;阴离子以SO_4^{2-}为主,平均浓度为370.48 μmol/L,占阴离子总量的83.2%,NO_3^-次之,平均浓度为82.01μmol/L。西安降雨中主要污染物为酸性SO_4^{2-},主要来自火电厂、水泥厂等工业燃煤排放[②]。

5.5.2.3　砖材中难溶盐转化为易溶盐

砖材中可溶盐主要成分为芒硝,可能由钠长石[$Na(AlSi_3O_8)$]

---

①　白莉、王中良:《西安地区大气降水化学组成特征与物源分析》,《地球与环境》2008年第4期,第289-297页。

②　白莉、王中良:《西安地区大气降水化学组成特征与物源分析》,《地球与环境》2008年第4期,第289-297页。

与空气中SO_2作用转化而来。

$$2Na(AlSi_3O_8)+SO_2+H_2O+O_2 \longrightarrow$$
$$AlSi_2O_5(OH)_4+SiO_2+Na_2SO_4(离子状态)$$

　　通过对西安明城墙砖材泛盐问题的分析以及西安地区地下水、降雨的离子分析研究,大致了解了西安城墙砖坯泛盐的原因:原材料有可溶盐混杂其中,烧成后便存在于砖坯中[1];也会由地下水带入,或空气环境中的有害气体溶解于雨水而进入砖体。当有水进入砖体时,可溶盐潮解,向砖体中的各个微细毛细管扩散。而水分因干燥蒸发后,这些可溶盐随水分移动到砖的表面,开始在毛细管中结晶,狭小的毛细管受到结晶的压力,导致微观结构产生裂隙。而这种溶解、结晶,日积月累,使得砖表面粉化,久而久之,会降低砖材的力学强度,对墙体砖材本身的抗压、抗折强度也有一定的影响[2],应该引起更多的重视。城墙泛盐中含有较多的Na_2SO_4盐、芒硝($Na_2SO_4 \cdot 10H_2O$)和无水芒硝(Na_2SO_4),受气候的影响较大,潮湿时易水化。Na_2SO_4在溶液中吸收10个水分子而转变为芒硝晶体时,体积要增大3.11倍,使砖石体积膨胀[3],Na_2SO_4盐结晶膨胀-溶解收缩-结晶膨胀的特性[4],会由环境中含水量的变化,或者温度变化引起空气湿度和盐的溶解度

　　① 于平陵、张晓梅:《西安城墙东门箭楼砖坯墙体风化因素研究报告》,《文物保护与考古科学》1994年第2期,第7-15页。
　　② 赵卫虎:《砖墙及其所用建筑材料的泛霜试验与探讨》,《四川建筑科学研究》1985年第4期。
　　③ 高江平、杨荣尚:《含氯化钠硫酸盐渍土在单向降温时水分和盐分迁移规律的研究》,《西安公路交通大学学报》1997年第3期,第22-25页。
　　④ 费学良、李斌:《硫酸盐渍土压实特性及盐胀机理研究》,《中国公路学报》1995年第1期,第44-49页。

的变化，导致盐分的结晶与溶解。在这种反复作用下，砖材结构不断疏松，表面蓬松、酥粉泛盐。对城墙保护处理过程中，针对城墙开裂处，可以铺垫防水层；对城墙空臌部，用丙烯酸酯加少量碎砖粉，再用10%有机硅加0.02%霉敌及HFM涂刷封护，再用8%-10%的六偏磷酸钠溶液以"多层纸张贴敷法"，贴敷、软化、溶解、渗吸入纸，除去泛盐、水痕、土痕。最后，使砖表面形成无色、无眩光又能防止外界水及有害气体侵入的保护层。

5.5.3　西安明城墙砖体风化结果分析

为了解西安城墙砖体的风化状况，分别在城墙的十个不同位置取样，采用X射线衍射法对采集的风化样品进行分析。分析仪器为D/max-rA型转靶X射线衍射仪，衍射角扫描范围为0°至80°，工作电压和电流分别为40 kV、100 mA，量程为2 000 counts/s，以及用荷兰Philips-FEI公司生产的Quanta200环境扫描电子显微镜进行能谱显微元素分析（表5-11）。据观察，风化剥落的砖样在微观结构上的变化是孔隙变大、裂隙变大，颗粒间裂隙扩大，产生次生的石英，产生的碎屑有层状裂纹、龟裂、穿晶裂纹，表面有少量次生矿物。对样品的电镜观察可以看到样品的全貌，是各种不同矿物颗粒的集合体，虽然大颗粒结合紧密，但是某些颗粒之间的胶结已经被破坏，呈松散状态，同时矿物颗粒被溶蚀形成孔洞，即使在矿物颗粒表面也可以见到，砖体表面可见有不规则块状突起，能谱显示成分为Si和O，为二氧化硅，这些二氧化硅可能是风化后二次沉积在破裂的砖颗粒表面的（图5-10）。

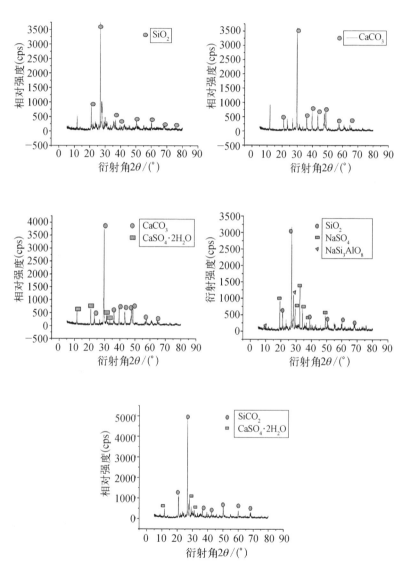

图5-10   西门瓮城楼梯下砖石质文物样品X射线衍射分析结果

表5-11 西安明城墙风化样品EDX(结合XRD)分析结果

编　号	取样位置描述	分　析　结　果
CQ2	第34、35号马面西侧向西第18、19垛墙向下1米处	样品表面密实,有大量孔隙;O、Al、Si、Fe、Mg,还有少量Na、Cl、K、Ca,主要是SiO_2,样品表面密实有少量的孔隙,能谱分析显示Si、Al、O、Fe、K
CQ4	第36、37号马面之间西侧取样	Si、O、Na、Mg、Fe、Al、S、Cl、K、Ca,结合XRD结果为石英SiO_2、普通辉石、斜长石、钙锰矾、钙长石
CQ4-3	第36、37号马面向南第3、4个垛墙之间西侧外墙	能谱分析结果为O、Si、Al、Ca、C、Mg,砖表面可见不规则块状突起,能谱分析结合XRD结果显示成分为Si和O,为二氧化硅,这些二氧化硅可能是风化后二次沉积在破裂的砖颗粒表面
CQ7	含光门博物馆遗址西侧门口现代新建砖	钠长石、SiO_2
CQ10	西门瓮城西墙南侧泛盐盐样	O、S、Ca,还有少量的Si、Al、Mg,主要为$CaSO_4 \cdot 2H_2O$
CQ6	西门瓮城西墙南侧明清老砖	能谱分析结果为O、C、Si、Mg、Al、Ca、Na、S、Fe,结合XRD结果主要是SiO_2、$CaCO_3$

5.5.4　西安明城墙病害主要产生原因——可溶盐的风化破坏

潮湿的空气和可溶盐对砖质文物的破坏,既有可溶盐的化学作用破坏,又有可溶盐的物理作用破坏。可溶盐(吸湿性和非吸湿性)对砖质文物的风化作用甚至比水更为突出。盐对城墙砖材的风化结果体现在三个方面:表面泛白、泛盐或变色;结壳或形成脓包现象;潮湿和裂缝。盐使砖质文物产生裂缝的过程很缓慢,但是却不容忽视:首先盐在砖质文物内部孔隙中结

图5-11　砖样上的芒硝

图5-12　砖样上疏松的颗粒

图5-13　风化砖样表面的龟裂和溶孔发育

图5-14　风化砖样表面的风化碎屑

图5-15　砖样中矿物颗粒间的溶孔发育

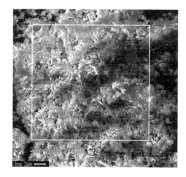

图5-16　砖样表面被溶蚀成孔洞

图5-17 西门城墙砖样内部的盐
结晶

图5-18 西门城墙砖样内部溶蚀
孔洞中的粒状石膏

c:\edax32\genesis\genmaps.spc 28-Jun-2010 21:00:07
LSecs: 23

图5-19 砖样表面不规则块状突起

晶,随着晶体慢慢长大,晶体会超过孔隙的尺寸,逐渐与其他孔隙通道重叠;盐形成簇状,孔隙尺寸被晶体撑大,对垂直的孔隙产生压力;结果,会在平行于已被结晶盐填满的孔隙的表面产生小裂隙;小裂隙一旦产生,盐晶体就会占据裂缝内部,并且随着晶体继续生长;小裂隙被慢慢撑大最终成为大裂缝,加上风吹日晒和雨水的冲刷也会使裂缝变宽(图5-11-图5-19)。

5.5.4.1 可溶盐结晶与潮解的破坏

砖质文物内盐会随着温度升高和降低而结晶和潮解,盐溶

解、结晶反复进行,使其本体产生的裂隙不断扩大

5.5.4.2　可溶盐晶变的破坏

可溶盐的结晶变化对砖材产生的破坏不容忽视。气温差可促使石膏与硬石膏之间发生周期性变化。当硬石膏变成石膏时体积增大31%,并产生10 kg/cm^{2}的压力,使联结较弱的砖材产生胀裂。

5.5.4.3　可溶盐的分布情况

湿度较低的干燥环境下,溶解度很小的盐沉积在文物表面,而溶解度较大的盐仍以溶液的形式存在,这些盐更容易吸水,是吸湿性的盐,使文物表面潮湿灰暗[①]。

5.5.5　西安明城墙病害产生的主要原因——水

造成西安明城墙产生各类病害的主要因素中,水是最主要的破坏营力。水对城墙的冲刷和渗透,破坏力是很大的;雨水、雪水在城墙顶部海墁处的聚集、下渗会造成墙体松动、变形、侧移,甚至大面积坍塌;墙顶和墙体表面的渗水则会使城墙出现酥碱、鼓胀等现象;城墙瓮城内部湿度较大而利于微生物生长。

5.6　西安明城墙的保护方法研究

就城墙本体而言,对其保护大致有三个层次的意思:一是研究如何延长墙体的寿命,防止本身材料的老化,增强抗损毁的能力;二是设法遏制外界对城墙损伤的影响;三是要对城墙本体的损毁给予及时有效的治理,防止其进一步发展和恶化。

---

① 和玲:《含氟聚合物及其对文物的保护研究》,西北工业大学博士学位论文,2002年。

5.6.1　对西安明城墙墙体沉降、裂缝、鼓胀的监测

墙体沉降、裂缝、鼓胀,对西安明城墙安全构成了危害。在这些病害没有发生突变的情况下,我们采取传统的变形沉降观测来进行病害预报,预防这些病害的发生。可以按照国家的相关测量规范,对城墙进行病害预报。

5.6.1.1　沉降观测

观测等级依据《建筑变形测量规程》二级变形测量精度要求,每次观测均指派专业技术人员,采用几何水准法,尽量沿相同路线进行观测。基准点按往返路线观测,观测点按闭合或附合路线观测。采用日产PC-E500袖珍计算机记录观测数据。野外观测结束后将观测数据传输至计算机,距离测量的主要技术要求见表5-12,观测方法采用《国家一、二等水准测量规范》二等水准观测方法,水准观测的技术要求见表5-13。

表5-12　距离测量技术要求

测回数	一测回读数较差(mm)	气象数据最小读数		垂直角测回数
		温度(℃)	气压(mmHg)	
4	≤3	0.2	0.5	4

表5-13　沉降观测精度及限差要求

等　　级	每测站高差中误(mm)	附合或环线闭合(mm)	检测已测测段高差较差(mm)
二级	≤0.5	≤$1.0\sqrt{n}$	≤$1.5\sqrt{n}$

注:n为测站数。

5.6.1.2　水平位移观测

水平位移观测采用全站仪以复测距离的方法进行观测,按

距离观测要求设定精度。其技术要求见表5-14,水平位移观测分为城墙内侧墙体水平位移观测和城墙顶部水平位移观测,城墙顶部的观测点是在女儿墙和垛墙上设置强制对中装置。每期观测,将全站仪和棱镜分别设置在对中装置上。通过各期观测距离的较差,计算城墙顶部位移变化量。城墙内侧墙体观测点设置在断面线上,观测点标志采用固定反射片。观测距离为斜距,同时测量垂直角。每期观测前,应测定温度、气压等气象数据,测距边经改正后,计算城墙内侧墙体位移变化量。

表5-14　水平位移观测技术要求

仪器对中误差(mm)	仪器标称精度(mm)	测距误差(mm)
≤0.5	2+2PPm	≤3.0

5.6.1.3　裂缝观测

裂缝观测可采用小钢尺测量,数据量取至0.1毫米。城墙内侧墙体和海墁上裂缝观测标志设置为小钢钉,每期观测采用小钢尺量取裂缝观测标志间的距离,求得裂缝变化值。

5.6.1.4　使用仪器

根据监测精度、监测目的选用仪器及设备,本次对西安明城墙墙体变形观测采用的仪器及设备见表5-15。

表5-15　仪器、设备一览表

类　别	仪器、设备名称	型　号	精　度	等　级
沉降观测	瑞士徕卡高精度电子水准仪	DNA03	±0.3 mm	DS05级
	铟钢条码水准尺	配套		
位移观测	徕卡全站仪	TCR402	测距2+2 ppm	2″

5.6.1.5 监测依据

本次变形监测依据的规程、规范有:《建筑变形测量规程》（JGJ/T8-97）、《工程测量规范》（GB50026-93）、《国家一、二等水准测量规范》（GB12897-91）。

5.6.2 西安明城墙本体的保护

城墙经历长时期的战乱,所挖孔洞、暗堡、防空洞很多,这些孔洞对城墙墙体造成很大的破坏。针对这些危险处可以布点、打压土桩以阻隔夯土的倾斜力。用这种简单方法应急,使城墙的危险暂缓,再进一步进行具体修复。其保护修复的操作如下[①]:

1. 通过之前对城墙产生病害的主要原因的探讨,了解到雨水在城墙顶部海墁开裂处的聚集和下渗会造成城墙墙体沉降、鼓胀,应铺垫防水层防止雨水渗漏到夯土层内。

2. 在城墙沉降和鼓胀,即将发生倾倒或滑坡的危险时,我们可用掏补的办法在这些危险处布点、打灰土桩,以阻隔夯土的倾斜力。

3. 对于城墙空臌部,可用3%丙烯酸酯溶液调少量研碎的砖粉,将上边空处堵住,防止雨水下流加剧空臌,然后在空臌处找好注射点。

4. 在空臌处得以很好的加固后,再用WD-10酒精溶液,0.02%霉敌及HFM缓蚀剂予以涂刷封护。

5. 针对城墙砖体表面的泛盐现象,采用8%-10%的六偏磷酸钠溶液浸湿的多层纸张贴敷,使之软化、溶解、渗吸入纸,待纸张干翘后揭取,反复2-3次,基本上可以除去。最后用六偏磷酸钠溶液吸除扩散的痕迹,再用蒸馏水清除残留的六偏磷酸钠

---

① 王蕙贞:《文物保护材料学》,西北大学出版社,1995年。

溶液,其清除反应如下:

$$M^2R^2+Na_2\left[\,Na_4(PO_3)_6\,\right]\longrightarrow Na_2\left[\,M_2(PO_3)_6\,\right]+2Na_2R$$

用此法清洗城墙泛盐等效果十分明显,见图5-20。

6. 清洗方法:清洗的方法包括水洗和化学清洗,由于部分污垢在砖体表面结合得比较紧密,在清洗时都要配合机械清洗。选取的实验区域有大量低等植物及微生物的生长痕迹、难溶硬壳、灰尘等,故首先可用手术刀将生物痕迹与泥土形成的脓包剔除;如果与砖材表面形成了平滑密实的结构,可先用蒸馏水湿润,

图5-20　经过处理后的状况

再用毛刷清除;余下的镶嵌到砖材内部的污物,用牙签清除,或者用50%的丙酮和水的混合液浸泡后清除。操作过程要避免对岩体造成损坏。为了防止残留在砖材内的菌丝继续生长,用0.02%霉敌喷涂。

7. 封护加固:在表面风化剥蚀部位,根据以往对砖质文物的保护调查,如首都博物馆胡一红等以北京西山大觉寺的灰砖为实验对象,选择了有机氟、氟聚醚、聚酯树脂、矽氧烷和矽烷、有机硅及改性有机硅等十四种材料,分别进行了涂膜耐水实验、涂膜耐酸实验、涂膜耐热实验、涂膜耐紫外线老化实验、砖的加固对比实验、砖样加固前后的冻融实验、耐盐实验、接触角检测及老化实验、透气性实验等,选择了较为理想的砖质

文物的保护加固材料改性有机硅Si-97^①。我们选用WD-10有机溶液涂刷砖块，用0.02%霉敌防腐防霉杀菌后，用小排刷自上而下均匀涂刷两遍予以封护，使砖表面形成一个无色、无眩光又能防止外界水及有害气体侵入而肉眼看得见的保护层，可以杀死黑曲霉、米曲霉、链曲霉、蜡叶芽枝霉、串球状镰刀霉、橘青霉、黑根霉、橙黄色酵母菌、球孢枝孢菌、菜豆刺盘孢霉等17种具有代表性的霉菌及细菌，避免墙体遭受微生物的危害^②。

8. 封护加固之后，对各个加固实验块进行了检查：实验块的颜色变化小，目测无差别，而对实验块进行喷水实验时发现实验块都具有防水能力，即使表面润湿，水分也不被吸收而只停留在表面(图5-21、图5-22)。

9. 砖样吸水量、耐水性的测试：于含光门遗址博物馆内选取工程替换明代砖作为实验对象，用软刷子和去离子水清理干净后，分别用不同配方采用刷涂的方法封护加固所选择区域，

图5-21 杀菌处理前的状况　　图5-22 杀菌处理后的状况

① 胡一红、刘树林：《高分子材料Si-97在砖质文物保护方面的应用研究》，《文物保护与考古科学》2009年第3期，第33-40页。
② 王蕙贞：《文物保护学》，文物出版社，2009年。

加固封护剂分别为WD-10有机溶液、WD-10水剂、丙烯酸酯，以及空白。吸水量用卡斯腾量瓶法测定，卡斯腾量瓶是一种适合现场应用的简单、方便的小型测量玻璃仪器，可定量或半定量衡量材料在一定压力下的毛细吸水能力和抗水性，也可以衡量样块表面在处理前后的水平及垂直方向的透气性。吸水程度反映了样块被加固的程度、随着时间的推移封护的程度及表面的硬化程度。因为在重力的作用下，水通过毛细孔隙下移，被加固剂填充后变小的毛细孔隙会改变渗透性和水下移的时间，毛细吸水系数是衡量水在毛细孔隙中移动情况的一个重要参数。本书用其检测砖体的吸水性，具体操作方法是将一底部直径6厘米、最高水位10厘米的有固定体积刻度的玻璃容器（图5-23），用弹性胶密封并固定在待测表面，注入去离子水，记录吸收量与时间的关系（表5-16）。通过测量可知不同封护剂处理后的砖样表面在60分钟之内的吸水量变化，三种封护加固剂都很好地起到了憎水效果，其中丙烯酸酯和WD-10有机溶液的憎水性最好。用卡斯腾量瓶在砖石质文物表面进行测试，测试时间为2小时，按照德国的工业标准DIN52617，矿物材料的毛细吸水系数（w）定义为单位面积单位时间材料的吸水量，其等于材料单位面积吸水量除以时间的平方根，即：

图5-23　用卡斯腾量瓶检测吸水率

表5-16　不同封护试剂砖样的吸水量

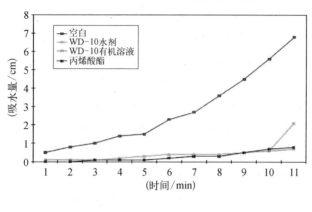

$$w=W/t^{1/2}$$

其中：

W：单位面积的吸水量，单位：kg/m^2；

t：时间，单位：小时；

w：矿物材料的毛细吸水系数。

从石质文物保护的角度看，按照矿物的毛细吸水系数（w）可将岩石表面的吸水性能分成四级[1]，见表5-17。

表5-17　砖石材料吸水性能的分级

级　　别	毛细吸水系数（ω）$kg \cdot m^{-2} \cdot h^{-1/2}$	评　　价
1	$\omega < 0.1$	不透水
2	$\omega = 0.1 - 0.5$	憎水
3	$\omega = 0.5 - 2$	厌水
4	$\omega > 2$	透水

① 　王帅：《西黄寺石质文物表层劣化特征分析及机理研究》，中国地质大学硕士学位论文，2010年。

　　润湿角是反映耐水性的一个重要指标,我们使用JJC-1型润湿角测量仪来测量润湿角。测量过程中,在同一样块的不同位置测量5-6个角度,再进行平均,所得角度认为是该块试样的润湿角(表5-18)。润湿角越小,说明吸水性越强,反之则有一定的疏水性。可以看出,未处理的砖样润湿角较小,说明水分有一定的扩散,具有吸湿性;而涂有保护剂的砖样砖面经过处理,润湿角接近90°,说明三种保护剂均具有良好的疏水性,现场实验时将水滴到已加固封护过的砖块上,水珠滚下而不渗入砖块,说明疏水性良好,表面防水效果得到明显改善。

表5-18　不同封护样品的润湿角

润湿角　样品＼试剂	空白	WD-10 有机溶液	WD-10水剂	丙烯酸酯
风化砖样	65	100	110	95
未风化砖样	30	90	95	90

第6章

麟游慈善寺石窟风化机理及抢救性保护研究

6.1　麟游慈善寺石窟所处环境

陕西宝鸡麟游慈善寺位于麟游县东南漆水河西岸,始建于隋仁寿年间,是隋唐时期皇帝至九成宫避暑礼佛而建的皇家石窟寺院。慈善寺共有3大窟17龛,佛、菩萨、弟子共计47尊,较大的有两窟。第一窟主佛高5.5米,为隋代开凿铸造。隋代所遗佛教文物较少,如此高大完整的隋皇家石窟造像,极其珍贵。唐太宗李世民除继续利用慈善寺进行佛事活动外,又在九成宫周围新建一些寺院。唐高宗李治时,佛教得到进一步发展,永徽四年(653年),慈善寺继续扩建,石刻造像刀法洗练,线条细腻流畅,面相慈祥和蔼。第二窟唐代所刻的《敬福经》是全国现存刻写时间最早、保存字数最多、内容最完整的世俗佛经,窟内主佛与洛阳龙门奉先寺卢舍那大佛一样,开始有了武则天的身影。慈善寺石窟造像为研究唐代宗教和文化艺术等提供了珍贵的实物资料,是隋唐佛教石刻艺术的不朽杰作。2010年被国务院公布为全国重点文物保护单位。

史载,隋仁寿二年(602年)六月五日夜,慈善寺新佛堂开光之日就有灵光映现,并绕梁三圈。六月九日,天降银屑天花,舍人崔君德用金钵奉给皇帝御览。慈善寺崖壁间的石佛像,是唐永辉四年(653年)的作品。唐文宗开成元年(836年)慈善寺佛舍遭大水毁坏,后经多次修复。现保存有三大窟,四十余尊造像,所存造像圆润丰满,工巧绝妙,时代风格鲜明,是隋唐皇家寺院佛教艺术精品。

在慈善寺大立佛窟内左右壁各有一处三尊像龛,龛内所雕为一佛二菩萨三尊像,两边胁侍菩萨有共同特点,都是头戴宝冠,上身赤裸,佩戴有璎珞、臂钏和锦带,下身裙带显得轻而薄。从整体的结构看,除头部稍大以外,全身的姿态、比例以及肌体刻画,都是很出色的,可以说是把丰润多姿的神态完美地表现出来了。南窟的立佛,巍然屹立,造型完美,外轮廓完整,头作高肉髻,双目紧闭,仪态安详,面容丰腴,五官端正,具有雍容庄重的风度,尤其是作说法式的双手,更为饱满、圆润,富有肌肉柔软的质感。在表现衣纹的雕法上,立佛像有好多独到之处,如袈裟披肩衣褶的翻转变化,层次分明,结构完美。

6.1.1 温度

慈善寺石窟区的平均气温7.6-12.9℃,各季温差变化大,这种周期性温度变化,对慈善寺石窟非常不利。除因不同部位热胀冷缩不同步而破坏表层结构外,秋冬季因常在0℃以下,使石刻可能遭受冻害(孔隙、裂隙水的冰劈)。在这种环境下,石材特别是砂岩极易风化。麟游露天石刻白天遭烈日暴晒,表面受热膨胀比内部大,而夜晚石质表面又比内部冷却收缩快;见光与背光不同也会造成不均匀膨胀,加之麟游日夜温差大,天长日久,反复作用,使石刻产生裂隙并不断延伸扩大。

6.1.2 湿度

慈善寺石窟位于麟游县隋唐皇家离宫仁寿宫、九成宫东约5公里处漆水河"几"字形洄湾的西面崖面上,海拔1 000-1 400米,山高、切割深度大,沟道狭窄,立体气候显著。石刻摩崖造像区依山面水,树木葱郁,窟顶翠柏常青,雨量充沛,属暖温带湿润—半湿润季风气候区,常年湿度大,相对湿度68%-71%,使裸露的摩崖造像易生苔藓霉菌,石刻生物风化严重。

6.1.3 降雨量、蒸发量

年降雨量680-952.9毫米,蒸发量800-1 499毫米,主要集中在6、7、8三个月。由于降水比较集中,对石刻表面有一定的淋溶侵蚀,影响石刻表面结构,不仅外观受到损害,表层的力学强度也受到了一定程度的影响。

6.1.4 风速

风沙吹打腐蚀引起慈善寺石窟表面风化。由于慈善寺石窟面川临水而造,川道风力大,风力加大水的渗透,也会吹起沙尘,使石刻表面受到风沙吹打磨蚀。

6.2 麟游慈善寺石窟主要病害现状

6.2.1 石窟表面风化

石窟崖面及造像表面粉末化、沙粒化及片状剥落严重,造像轮廓模糊,龛顶、龛壁大片剥落,剥落层厚度有的竟达1.5厘米。

6.2.2　石窟表面存在大量裂隙

慈善寺石窟表面裂隙严重,裂缝多、长、深、宽,大佛身、臂、手等都因裂隙作用而断裂或位移。如3号龛大佛从肩部到底座有一微向左偏的裂缝长达118厘米,宽0.3-1厘米;2号龛一弟子像上有7条明显裂缝;有的是遍布石刻的后天性裂隙;有的是某些天然性裂隙,如无胶结物填充的干裂隙,由于物理风化作用影响而使它们进一步发展,最终裂隙变宽。

6.2.3　石窟表面大面积空臌

麟游慈善寺石质胶结物为绿泥石,易被山体渗水溶解带出石刻而流失。使石质变得疏松,久而久之,形成大面积空臌。

6.2.4　石窟表面大量的水痕土锈

水痕土锈布满窟壁、窟顶及造像,由于麟游山体水大量渗出,渗出过程中溶入空气中的二氧化碳,与石刻中的碳酸钙作用形成可溶性$Ca(HCO_3)_2$,渗到石刻表面又分解为难溶的碳酸钙,留在石窟及造像表面。此过程反复进行,形成片状或带状白色水痕,此过程如下列反应式所示:

$$CaCO_3 + CO_2 + H_2O \longrightarrow Ca(HCO_3)_2$$
$$Ca(HCO_3)_2 \longrightarrow CaCO_3 \downarrow + CO_2 \uparrow + H_2O$$

下雨及山体水带着山体表面泥土顺势下流时,部分泥土附着在因风化而凹凸不平的粗糙石质表面,形成淡黄棕色土锈层。

6.2.5　菌类及低等生物的生长繁殖

慈善寺石窟空气潮湿,致使菌类及低等植物共生形成暗黑色污染层。又有石质中矿物质及燃香产生的油烟类有机质,有利于菌类及低等植物苔藓的生长,地衣生长、代谢、繁殖、死亡,这些与菌类代谢产物混在一起覆盖于窟顶、窟壁及造像上,形成黑色污染层(图6-1)。

图6-1　菌类及低等植物共生

6.3　麟游慈善寺石窟风化样品采集与分析

6.3.1　样品来源

考虑到风化表面现象的差异,针对石雕的风化状况,分别在黑色凹凸面、黄色水痕面、苔藓生长繁殖的石样表面采集石质样品和生物样品。

6.3.2　样品分析

对表面刮取的样品进行XRD定量分析以获得现存风化产物的存在形式。分析仪器为D/max-rA型转靶X射线衍射仪,衍射角扫描范围为0°至80°,工作电压和电流分别为40 kV、100 mA,量程为2 000 counts/s,以及用荷兰Philips-FEI公司生产的Quanta200环境扫描电子显微镜进行能谱显微元素分析。

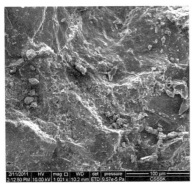

图6-2 风化石质文物表面的龟裂 图6-3 风化石质文物表面的风化
和溶孔 碎屑

经过X射线衍射对于风化石样品的检测结果表明,慈善寺的佛像主要由砂岩构成,砂岩石质极易风化,而且风化严重,石刻表面粉末化、砂粒化及片状剥落(图6-1、图6-2)。慈善寺石窟表面的风化产物主要是$Ca(NO_3)_2$、$CaSO_4 \cdot 2H_2O$、$Ca(HCO_3)_2$(表6-1)。

表6-1 风化石样的元素成分

元素\样品	O	Na	Mg	Al	Si	K	Ca	Fe
慈善寺	73.25	0.93	0.87	3.93	19.07	0.89	0.36	0.7
慈善寺	71.73	1.78	1.08	5.8	15.59	1.39	1.34	1.28

6.4 麟游慈善寺石窟风化原因

众所周知,岩石的风化作用比较复杂,有物理风化、化学风化及生物风化。近来越来越多的研究也已经证实,生物作用是岩石风化侵蚀的重要类型之一。通过对麟游慈善寺石窟风化侵蚀作用的宏观和微观特征的综合分析,可以看出其风化作用类型也是复杂多样的。

6.4.1　内部因素

6.4.1.1　石材化学组成的影响
慈善寺石窟岩石属砂岩,易受腐蚀且腐蚀速度很快。

6.4.1.2　石质结构的影响
慈善寺石窟空隙大,石质结构比较疏松,机械强度相对较弱,对水、可溶盐的吸收量大,因而风化损蚀速度较快。

6.4.1.3　石质胶结物的影响
慈善寺石窟石质胶结物为绿泥石,此胶结物易溶于水,在水的作用下发生水化作用,使泥质颗粒增大、膨胀,甚至随水流失。由此导致石质孔隙率增大,抵御外界因素破坏的能力变差,风化损失速度加快。

6.4.1.4　石质文物建造地质地理条件影响
慈善寺石窟位于漆水河"几"字形洞湾的西南及南面崖面上,地质构造复杂,地下水位上升,地下水可溶盐的侵蚀,都会对石刻造成破坏。

6.4.2　外部因素

6.4.2.1　慈善寺石窟有害气体产生的化学风化
空气中氮、硫、碳等有害氧化物气体极易在石刻表面遇水生成无机酸强烈腐蚀文物,由之前 X 射线衍射分析的结果可知慈善寺石窟表面的风化产物主要是 $Ca(NO_3)_2$、$CaSO_4 \cdot 2H_2O$、$Ca(HCO_3)_2$。空气中的有害氢化物主要是氯化氢和硫化氢,氯化氢使石质文物发生复分解反应而腐蚀石刻,使石刻酥粉、脱落、剥蚀,硫化氢可与石质中一些元素或化合物反应生成黑色硫化物,污染石刻表面。

6.4.2.2　空气中尘埃对慈善寺石窟的侵蚀

经X射线衍射分析,慈善寺石窟上降尘成分十分复杂,有酸、盐、碱固体粉末和金属氧化物等,这些物质落在石刻上遇水汽潮解,侵蚀石刻。

6.4.2.3　油烟对慈善寺石窟的侵蚀

油烟对慈善寺石窟的危害也很严重,油烟吸附空气中的尘埃形成油垢覆盖于石刻表面,不仅严重影响石质文物外观,还为微生物的生长繁殖提供了营养和适宜的生存条件。

6.4.2.4　可溶盐对石刻的化学破坏

来自地下水、地面水及山体渗水的可溶盐对石刻的化学破坏也很突出,石材中的难溶盐与空气中的水、有害气体作用转化为可溶盐。可溶盐的破坏在麟游慈善寺石窟的表面非常常见。慈善寺岩石空隙中可溶盐的结晶与潮解引起石刻风化,石刻毛细孔隙中的可溶盐随温度升降而出现反复进行的溶解-结晶现象,新的裂隙不断产生又不断扩大。可溶盐晶变对石刻的破坏,使胶结较弱的岩体开裂崩塌。

6.4.3　水对麟游慈善寺石窟风化的影响

水是其他物质破坏慈善寺石窟的媒介和根本原因,慈善寺石窟周边环境湿度较大,水作为媒介产生了很多侵蚀石刻的化学反应。雨水、山体渗水、地面水流动反复冲刷表面,引起机械破坏,甚至形成水滴石穿的恶果。水在石刻中结冰-融化,引起膨胀产生压力,对这种孔隙大的石刻破坏更大,也是石窟产生裂隙的主要原因。水引起石质胶结物发生水化和溶解、流失作用。水从石刻表面侵入,在石刻中外多内少,引起理学强度从外到内明显下降。

6.4.4　慈善寺石窟的生物风化

　　石刻顶树木茂密,植物根系生长壮大,加速了石刻裂隙的产生、发育、扩大,使地面水带着土壤可溶盐渗入石材,沿着裂隙向石刻表面移动并析出,加速石材的化学风化及物理风化。从麟游主佛附近生长藻类的石样的扫描电镜图中可以看到藻类在石样内部的生长痕迹——在岩石很深的裂隙中存在微生物残体,继而形成溶蚀槽,苔藓的生长已深入岩石内部(图6-4、图6-5)。

　　菌类微生物及低等植物对麟游慈善寺石窟的破坏很严重,经分离鉴定,有绿色木霉、日本曲霉、展开青霉、内果青霉、爪哇毛霉、黑色葡萄穗霉、互隔交链孢霉,以及低等植物如树枝状属地衣类。菌类与地衣共生复合体在石刻上生长、繁殖、代谢,生物分泌物及遗体在微生物作用下分解产生各种有机酸,主要是草酸、柠檬酸、酒石酸、水杨酸等,使石质文物发生微生物酸解及络解。最终导致石刻内部产生溶蚀槽,表面形成瘤突结,从外向内依次分为碳酸盐层、微生物层、碳酸风化层。

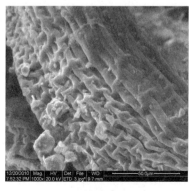 

图6-4　慈善寺石窟表面生长的苔藓　图6-5　慈善寺石窟表面生长的苔藓已植入岩石深处

6.5   麟游慈善寺石窟的现场保护研究实验

6.5.1   慈善寺石窟的清洗

6.5.1.1   慈善寺石窟表面尘土的清除
用毛笔或很软的小毛刷自上而下轻轻刷除。

6.5.1.2   慈善寺石窟表面硬质泥土及土锈的清洗
先用毛笔蘸水接触硬质泥土及土锈,让其渗吸软化,再用小竹片剔除,最后用脱脂棉蘸蒸馏水轻轻擦吸泥水痕迹。

6.5.1.3   慈善寺石窟表面水痕的清洗
慈善寺石窟上的水痕是长期沉积在风化石刻表面的含钙、镁、铁、钡等离子的难溶盐形成的白色或棕褐色的痕迹,用8%的六偏磷酸钠水溶液浸湿的多层纸张贴敷,使之软化、溶解、渗吸入纸,待纸干翘后揭取,反复2-3次基本可以除掉;再用棉签蘸六偏磷酸钠溶液轻轻擦除扩渗的轻微痕迹。最后用蒸馏水清除残留的六偏磷酸钠溶液,其清洗水痕的反应如下式所示:

$$2M^{2+}R^{2-}+Na_2[Na_4(PO_3)_6]\longrightarrow Na_2[M_2(PO_3)_6]+2Na_2R$$

式中:$M^{2+}=Ca^{2+}$、Mg^{2+}、Fe^{2+}、Ba^{2+} $R^{2-}=CO_3^{2-}$、SO_4^{2-}、SiO_3^{2-}

窟壁、造像、千佛壁、《敬福经》等被水痕、沉积物覆盖模糊不清的花纹、图案、字迹,用此法清洗后清晰可见,效果很好。

6.5.1.4   慈善寺石窟表面油烟类污斑清洗
采用50%丙酮、17%氨水、0.02%霉敌溶液混合清洗,既可溶解、皂化油脂,又能杀菌防霉,清洗完油烟类污斑后,再用清水清洗,最后用蒸馏水清洗。

6.5.2   慈善寺石窟的粘结修补

根据慈善寺石窟裂隙多、长、宽、深,石质为砂岩又风化严重、强度差的实际,我们决定采用3%-4%的丙烯酸酯溶液与石刻质地、颜色相同的石粉调成糊状,用注射器灌入裂缝,直至填满。断裂口及残缺部分,用丙烯酸溶液与石粉调成胶泥状填补并小心压实,填补部分色调一致、效果理想。此外,对于慈善寺1号窟内大佛像的裂隙进行填补、粘结;对发生位移或断裂的部位进行复位粘结。

6.5.3　慈善寺石窟的加固和封护

慈善寺石窟依山面水而造,山体水分丰富,表面风化严重,必须加固处理,但加固后石刻需具有良好的透气透水性,既可使山体中水汽排出,防止石刻空臌,又可防止外界水的侵入。有机溶液WD-10正好具有这些优良性能,加固后在石刻中渗透形成"倒漏形结构"。我们开始采用10% WD-10溶液接触、渗吸、加固风化石刻。然后再用10% WD-10加0.02%的霉敌溶液用小排刷自上而下均匀涂刷两遍,将石刻表面予以封护,使石质表面形成一个无眩光、透水透气性好,能防止外界水、有害气体侵入,以及杀菌防霉、苔藓、藻类滋生繁殖,而肉眼看不见的表面保护层。

6.5.4　慈善寺石窟空臌的处理

慈善寺中的《敬福经》经面空臌十分严重。先用手轻敲经面确定空臌的位置和面积,用3%-4%的聚丙烯酸酯溶液调少量石粉将《敬福经》上边空臌处填堵,防止水流入《敬福经》经面后,以免空臌加剧。然后在空臌处找好注射点,用注射器将10% WD-10溶液注射入空臌处,直至有小量液体溢出注射点为止,将溢出之溶液擦去。重复以上操作,在空臌处均得以很好加固后,用WD-10溶液、0.02%霉敌溶液及HFM缓蚀剂涂刷经面予以封护(图6-6、图6-7)。

图6-6　《敬福经》清洗保护前

图6-7　《敬福经》清洗保护后

第7章

澳门地区风化砖石质文物病害机理及保护研究

7.1　澳门地区砖石质文物的分类

澳门是东西方文化荟萃之地,自16世纪以来,作为海上丝绸之路的起始港和西方天主教向远东传教的中心基地,中国人、葡萄牙人以及亚欧多国人民在此生活,多国传统民俗习惯和生活方式共存。近500年来,未经破坏性战乱和动荡政局,加上特殊的自然和人文环境,在长期汇聚融合的过程中,形成了中西合璧式的澳门文化。城市景观和建筑风格也非常具有特色,各类历史文物和建筑遗存丰富。

澳门地区现有的不可移动文物有以下四个类别:

1. 纪念物:具有历史价值的建筑物,如教堂、寺庙、炮台,共52处;

2. 具建筑艺术价值的建筑物:其建筑物在城市发展过程中具有代表性,如港务局大楼、邮电局大楼、陆军俱乐部等,共44处;

3. 受保护的建筑群:代表澳门历史文化的都市综合区,如新马路两边的建筑物、议事厅前地及周围的建筑物等,共11处;

4.受保护的地点：极具价值的风景带，包括绿化区及树林，如白鸽巢公园、东望洋山、西望洋山等，共21处。

目前列入受保护文物清单的共有128项，另外在受保护文物的周边划定了保护区。

7.1.1　福德祠

福德祠又称土地庙，是供奉土地公的地方。澳门有多座福德祠，如永福古社、雀仔园福德祠、下环福德祠等，均是有百年历史的庙宇。永福古社为澳门最古老的福德祠。雀仔园福德祠位于罗宪新街与马大臣街交界处，建于清光绪十二年（1886年），为一矮小平房，但甚受居民支持，近年该庙在右侧兴建舞台和一幢三层高级会所后，每年土地诞均有神功戏上演，为该区一大盛事。位于河边新街的下环福德祠，建于同治七年（1868年），为澳门最大的福德祠，内有牌匾及石碑多块，均为历史悠久的文物。

7.1.2　郑家大屋

郑家大屋由郑观应之父郑文瑞始建，根据大屋内楹联的落款日期，其建筑日期最早可追溯至同治八年，即1869年。其后，郑观应及其兄弟陆续修建，规模不断扩大。大屋直接面向内港的坡地，视野开阔，昔日千帆并举，大小船只穿梭而过，一片繁华，景观独好。世界文化遗产"郑家大屋"占地4 000平方米，由多座不同风格建筑及开放空间组成，大小房间有六十多间，是澳门少见的家族式建筑群。郑家大屋属岭南风格民宅。大宅由两座四合院式建筑组成，并以大内院相连。建筑材料以青砖为主，墙基则由花岗石筑砌。现今由于超负荷的使用对建筑造成很大损坏，风吹雨打令建筑饱受摧残。2001年政府取得该物业时，超过八成的区域都有不同程度的损毁，部分原貌已模糊难辨。2002年起,政府开始对郑家大屋按部就班地开展严谨的修复工程,历经八年,昔日面貌始基本得以恢复。

7.2 澳门地区地理环境特点

澳门全年气候温和,平均气温约20℃,全年温差变化在16℃到25℃之间,湿度较高,约73%至90%,全年降雨量约1 778毫米。

根据对澳门气象台提供的关于污染物二氧化硫、二氧化氮、总悬浮颗粒物(表7-1)的年平均浓度值与《环境空气质量标准》所规定的限值(表7-2)可知,澳门地区的各项二氧化硫、二氧化氮、总悬浮颗粒物的数值基本没有超过《环境空气质量标准》所规定的二氧化硫、二氧化氮、总悬浮的一级标准数值,有害气体带给砖石质文物的风化破坏并不明显。

表7-1 澳门地区2010年有害气体的年平均浓度值

污染物年均值(mg/m³)	平均浓度(mg/m³)
SO_2	0.010
NO_2	0.041
总悬浮颗粒物	0.064

表7-2 《环境空气质量标准》所规定的二氧化硫、二氧化氮和
总悬浮颗粒物的年平均浓度限值(GB3095-1996)

污染物年均值 (mg/m³)	浓度限值		
	一级标准	二级标准	三级标准
SO_2	0.02	0.06	0.10
NO_2	0.04	0.04	0.08
总悬浮颗粒物	0.04	0.10	0.15

7.3　澳门地区砖石质文物主要病害现状

根据对澳门地区具有代表性的砖石质文物的实地考察可知,澳门地区常年潮湿的空气和地下水、地面水、雨水中的可溶盐对砖石质文物的破坏是非常严重的。可溶盐带来的风化侵蚀有化学作用、物理作用及生物作用,可溶盐对砖石质文物的风化作用甚至比水更为突出,温湿度的变化会引起盐的反复结晶、膨胀、收缩,给砖石质文物带来机械性破坏。在澳门地区,盐对砖石质文物的风化侵蚀主要体现在:表面泛白、泛盐或变色,结壳或形成脓包现象。澳门地区的砖石质文物主要的病害是由于人为破坏以及常年高湿度环境带来的严重生物风化侵蚀,致使大量菌类繁殖生长。生物风化侵蚀种类单一,繁殖面积很大,呈现愈演愈烈的态势,不但在砖石质文物表面形成各种色斑,严重影响了砖石质文物的原貌,而且还会使砖石质文物发生严重的生物风化。

7.4　澳门地区砖石质文物风化样品采集与分析

7.4.1　风化砖石质样品来源

采集时应考虑到保证风化样品的代表性,故选取澳门康公庙正门右侧表面青砖极度酥粉处,砖样呈水平片状破碎,风化严重,表面有大量明显的泛盐现象(图7-1)。

7.4.2　生物风化样品的采集

生物样品来自澳门的郑家大屋。郑家大屋建筑虽主要以中式形制构建,但却处处体现中西结合之特色,中式建筑手法主要

图7-1　澳门地区风化砖石质文物采样处

表现于屋顶、梁架结构、内院中多样的窗户、龙门灯；而受西方的影响则体现在室内天花的处理、门楣窗楣的式样、檐口线以及外墙抹灰。

7.4.3　分析内容

7.4.3.1　风化砖石样品的分析

对澳门地区砖石质文物表面刮取的风化样品进行XRD定量分析，以获得现存风化产物的存在形式。分析仪器为D/max-rA型转靶X射线衍射仪，衍射角扫描范围为0°至80°，工作电压和电流分别为40 kV、100 mA，量程为2 000 counts/s，并用荷兰Philips-FEI公司生产的Quanta200环境扫描电子显微镜进行能谱显微元素分析（表7-3）。取样分析结果见表7-4。

表7-3　澳门所选取样品的元素含量百分比

元素\样品	O	Mg	Al	Si	S	Cl	K	Ca	Ti	Fe	Na
A1	71.91	0.57	7.15	14.78	1.12	0.71	1.11	0.97	0.19	1.49	—
A2	67.04	—	5.72	11.29	3.27	—	1.15	3.51	—	1.35	6.66
B1	67.80	—	6.88	18.13	—	—	0.52	1.04	—	0.27	5.36
C1	63.11	0.32	4.95	8.72	0.34	7.80	1.19	2.38	0.18	1.04	9.98
C2	67.66	—	7.78	17.03	—	—	0.96	—	—	0.61	4.15

表7-4　澳门砖石质文物样品的取样情况及分析结果

样品	采样位置	外观描述	微观状态SEM描述
A1	澳门康公庙正门右侧	青砖极度酥粉,呈水平片状粉碎	镜下可以看到样品的全貌,是各种不同矿物颗粒的集合体,虽然大颗粒胶结紧密,但是大部分颗粒之间的胶结已经被破坏,呈松散状态(图7-2)。
A2	澳门康公庙正门左侧	青砖风化严重、泛盐明显	风化砖体晶体表面有大量风化碎屑,颗粒间胶结已经被破坏,呈松散状态(图7-3)。
B1	澳门康公庙正门右侧	花岗岩碎片(粉),表面风化严重	矿物颗粒表面可见被溶蚀的现象,岩石破碎的表面可见有不规则条状突起,能谱显示为Si和O,为二氧化硅,这些二氧化硅可能是沉积在破裂的岩石表面的。样品表面密实,有少许的孔隙,某些矿物颗粒局部有风化的现象,用环境电子扫描电镜分析成分为Si、O、Al、Na、K,对主要元素进行定量计算,推测这些风化的矿物颗粒为长石(图7-4)。

（续表）

样品	采样位置	外观描述	微观状态SEM描述
B2	澳门康公庙正门右侧	花岗岩碎片（粉），表面风化严重	镜下观察矿物颗粒表面可见被溶蚀的现象，岩石破碎的表面可见不规则条状突起（图7-5）。
C1	澳门下环街福德祠青砖碎块	正立面泛盐特别严重	镜下观察内部有盐类结晶，表面呈灰色，对病害进行取样，用能谱分析和X射线衍射分析确定其组成为SiO_2（图7-6）。
C2	澳门下环街福德祠青砖碎块	正立面泛盐特别严重	（图7-7）

图7-2

图7-3

图7-4

图7-5

图7-6

图7-7

7.4.3.2　生物风化样品的鉴定

我们首先通过培养基分离法和平板划线法,对采集到的微生物样品进行了分离与纯化,然后将样品镀膜后在扫描电镜下观察,用微生物学的规律和形貌特征分析对其进行鉴定。澳门地区采集的生物样品有狭窄枝顶孢霉(图7-8、图7-9)和淡紫拟青霉(图7-10、图7-11),均为不常见菌。澳门地区气候温

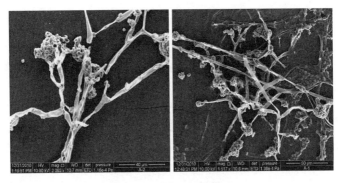

图7-8　狭窄枝顶孢霉-1

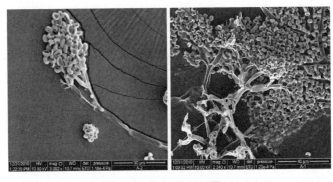

图7-9　狭窄枝顶孢霉-2

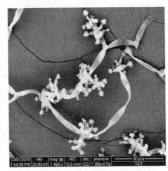

图7-10　淡紫拟青霉-1　　　　图7-11　淡紫拟青霉-2

和,常年湿度高、降雨量大,比较适宜稀有菌的生长。

7.5　澳门地区砖石质文物的保护对策初探

　　澳门地区常年潮湿的空气和地下水、地面水、雨水中的可溶盐对砖石质文物的破坏非常严重。常年的高湿度环境特征导致大量菌类的繁殖生长,不仅在砖石质文物表面形成各种色斑,严重影响了砖石质文物的原貌,而且还会使砖石质文物发生严重的生物风化。

　　澳门地区的石材主要为花岗岩,花岗岩因含有大量的石英、长石等高硬度的矿物,物理风化后表面常常崩散解体成散碎的沙砾。对于遭受严重物理风化的砖石质文物,由于风化岩石颗粒间的联结很微弱,砂粒间溶蚀缝隙和溶蚀孔隙明显加大,结构变得疏松,孔隙度明显增大,使砖石质文物表面的持水性增强,更加适宜生物的生长繁殖。

　　对于澳门地区砖石质文物的保护,应针对生物风化面积较大、种类较为单一的现状,人为地加以阻止。生物体在砖石质文物表面的生长受生物种类、环境条件及砖石质文物表面性质这三个因素的影响,人为地改变某一种条件都可以起到抑制生物生长的作用。

第8章

潮湿环境下砖石质文物
生物风化的防治措施

砖石质文物上常常有菌类及低等植物如苔藓、藻类、地衣等生长繁殖，而且常以共生复合体形式存在，在潮湿温暖的环境中更加严重。这些砖石质文物一年四季处于高湿度的环境中，适合菌类特别是霉菌和一些低等植物生长繁殖。它们不仅在砖石质文物表面形成各种色斑，严重影响砖石原貌，而且还会使砖石质文物发生严重的生物风化。这主要是由微生物的酸解作用和络解作用引起的[①]，这种作用非常强烈，能使砖石最终形成含有腐殖质的松散土壤[②]。

8.1 调 查 取 样

本书选取的五处砖石质文物的生物风化破坏特别严重，

---

① W.E.克伦宾：《微生物地球化学》，地质出版社，1990年，第142页。
② 郭宏、韩汝玢、李斌等：《广西花山岩画岩石生物风化机理及其防治对策研究》，《中国文物科学研究》2007年第2期，第64-69页。

地衣、菌类微生物、苔藓等在砖石文物上生长繁殖(图8-1-图8-5),不仅严重影响了砖石文物原貌,而且生物代谢过程的分泌物还会腐蚀砖石文物。为了有效地防治严重的生物风化,我们必须充分了解生长在砖石文物上的生物种群形态及物理特征,了解其在砖石文物风化过程中起到的作用,才能选择最好的预防及根除生物有机体的办法。

图8-1　高句丽将军坟采样处

地衣、藻类、地钱(苔类植物)和高等植物比较容易辨认,在现场或实验室显微镜下可以通过对其微观特征及物理特征例如扁平体、生殖器官、叶子、花朵、果实等进行观察和辨认。细菌、放射菌类及海藻不易经过显微观察辨认,但可以在实验室内进行生理生化实验,进行培养皿基本

图8-2　大足宝顶山采样处

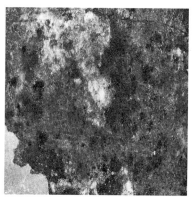

图8-3　澳门郑家大屋采样处

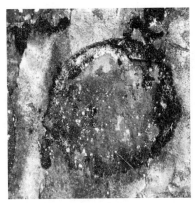

图8-4　麟游慈善寺采样处　　图8-5　西安明城墙排水道采样处

培养实验,然后再进行鉴定。只有少数微生物菌能直接目测鉴定,大多数情况下,必须用光学、电子、荧光显微镜观察样品。荧光显微镜和荧光染料、荧光抗体等一起使用,可以更好地对生物体进行鉴定。微生物鉴定用培养皿培养技术,将微生物特别是细菌、放射菌类、海藻、菌类置于培养基中分离、培养、鉴定;某些培养基也许不能鉴定出样品中所有的种类,因为每种培养基只有一定的营养成分。不同的有机体可以用染色法和酶进行分离,然后再分别鉴定。以下几个内容可以保证鉴定工作的顺利进行。

1. 尽可能了解培养基种类和样品种类;

2. 细心准备样品;

3. 准备多个备份,校准实验精度。

根据对五处潮湿地区砖石质文物表面生长的生物体的直观观察,发现危害高句丽遗存的生物变质体主要是地衣。故单独对高句丽遗存表面的地衣进行种属鉴定,并对于五处环境中所采集的菌类样品进行鉴定。

8.1.1　样品中地衣的分离、鉴定方法

高句丽石质文物的生物变质体主要是地衣,地衣为菌和藻的共生体,以石质文物为生存基质的地衣,能用自己的分泌物分解寄居的岩石,也用机械方法,即用地衣原植体的物理活动直接摧毁岩石。因而,对高句丽石质文物表面生长的地衣进行全面系统的调查和分离、鉴定可以为其保护提供科学依据。

参与地衣共生的真菌是地衣的主导成分,地衣的子实体正是真菌的子实体。地衣的形态是以地衣型真菌的菌丝体组织包含着相应的共生藻或蓝细菌。地衣的生长类型主要呈现为壳状、叶状、枝状、鳞状、丝状等。地衣上皮层内通常含有大量橙色、黄色以及其他颜色的色素,包括松萝酸和枕酸的衍生物,因此地衣常呈现不同的颜色。地衣具有吸收水分快、失水也快的特点。干燥的地衣在降雨时只需几分钟就被水饱和,雨后天晴,空气干燥,几小时又会变干。另外,地衣生长极为缓慢,在极度干燥和贫瘠时,同化作用进行得很慢,积累有机物与停止积累互相交替。十年间,叶状地衣直径增长不过数厘米。

通过显微镜观察到的地衣对石材内部腐蚀的形貌图[①]如图8-6。地衣侵蚀石材的方式和机理为[②]:呼吸出的二氧化碳溶解于水,产生酸性溶液;通过分泌草酸与周围岩石中的阳离子(如钙离子)反应形成草酸盐;分泌柠檬酸和地衣酸等,溶于水可与多种阳离子形成螯合物,改变石材的化学成分;因菌丝生长产生的物理压力破坏石质微孔的微结构;使石质局部改变物理性

---

①　Jie Chen, Hans-Peter Blume, Lothar Beyer, *Weathering of rocks induced by lichen colonization—a review*, 2000, pp.121–146.

②　N. J. Thiel, *Conservation of stone and other materials*, Spon Press (Imprint), Routledge Taylor & Francis, Incorporated (Distributed), 1993, pp.279–286.

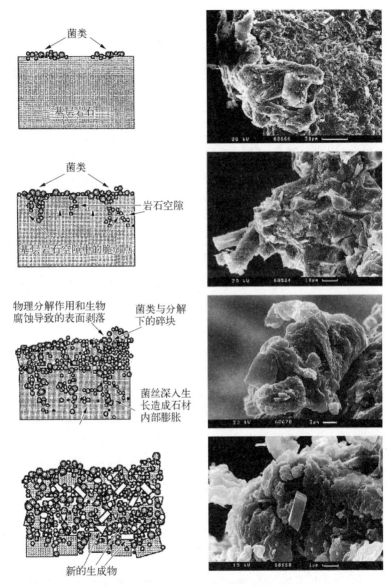

图8-6 地衣导致的石材生物风化的后果

能,造成应力破坏。

8.1.1.1 地衣标本的采集①

调查本着全面、完整的原则,进行地衣标本的采集。其中使用的采集方法就是利用采集刀轻轻采下地衣类菌类,力求保证标本的完整性。采集后的标本当场装入标本盒。

8.1.1.2 地衣标本的鉴定方法②

1. 肉眼观察外部形态,并借助放大镜和实体显微镜仔细观察地衣表面的附属结构,如假根、粉芽、杯点及衣瘿等。

2. 用徒手切片法制备地衣体和子囊果切片,观察内部构造。注意地衣体的上下皮层、藻层、髓层、假根和绒毛的特征;观察子囊果切片的子囊层、囊层被、囊层基、果壳、侧丝、子囊及孢子。利用测微尺鉴定地衣体及子囊果各部分的大小。

3. 用压片法制备子囊果切片:用解剖刀的刀尖取下子囊果,放在玻璃片上,加一滴水,待样品软化后放上盖玻片,用手指按压,移到高倍镜下观察。

4. 地衣化学成分鉴定:地衣化学成分微量综合检验法有三种。一种为化学显色反应法。使用的试剂有次氯酸钙(C)、20%KOH水溶液(K)、氢氧化钾与漂白粉(KC)、5%对苯二胺乙醇溶液(P)、70%乙醇为溶剂的1%碘溶液(I)。操作步骤:将上述溶剂分别滴入地衣体皮层或髓层部分并观察有无反应。显色实验结果记录方法:地衣体K+黄-红;髓层C+红;髓层KC+红;髓层P+橘红。副反应记为:K-;C-;KC-;P-。

---

① 张孝绒、张兴群:《乾陵地衣调查报告》,《文物保护与考古科学》2002年第1期,第15-22页。

② Bock E. S. W., "The microbiology of masonry biodeterioration", *Journal of Applied Bacteriology*, Vol.74, No.5(1993): pp.503-514.

　　另外一种为微量结晶检验法。试剂及提取器：a）G.E. 液：甘油：冰醋酸 =1：3；b）G.A.W 液：甘油：乙醇：水 =1：1：1；c）G.A.An 液：甘油：乙醇：苯胺 =2：2：1；d）G.A.O－T 液：甘油：乙醇：邻－甲苯胺 =2：2：2；e）G.A.Q 液：甘油：乙醇：喹啉 =2：2：1。将以上试液及丙酮、氯仿等溶剂分别装入带有磨口小滴管的小瓶内备用。微量提取器的操作步骤如下：首先取 1 平方厘米大小的叶状地衣体残片或 2 厘米长的枝状地衣体一段，冲洗干净后剪碎，置于微量提取器内，加几滴丙酮。然后将盛有样品及溶剂的提取器置于酒精灯火苗上方加热。至提取液稍微浓缩后，通过毛细管尾滴注于备用的载玻片上，待提取液挥发变干后，置于显微镜下观察。最后将上述试剂滴于载玻片上，干后，加盖玻片，在酒精灯火苗上加热数秒使提取物溶于试液，然后就可以在显微镜下观察重结晶，确定其为何种物质。

　　另外还有薄层层析法，设备有硅胶板和紫外分析仪。将 GF254 粉剂用水调制成糊状，用涂板器在 15 毫米 × 15 毫米的玻璃板上制成硅胶板。将全部待检样品通过下列几个溶剂系统进行分离：a）系统（F－D－A）：甲醛：二氧杂环乙烷：乙酸 =180：68：8；b）系统（H－E－F）：（正）己烷：乙醚：甲酸 =130：100：20；c）系统（T－A）：甲苯：乙酸 =200：30，补充溶剂系统专门用于茶渍酸和三苔色酸的分离；d）系统（E－A）：乙醚：乙酸 =100：2。接着就是样品的准备和提取，将小试管编号，并以编号次序取少量待检地衣样品，剪碎后逐个放入小试管。其后加入少量丙酮，5 分钟后依次点样、展层，待溶剂前缘从原点走至 9 厘米处时取出层析板，用吹风机吹干板面溶剂。在紫外分析仪下观察斑点位置及荧光现象。对已标记的斑点进行 P、K、C 和 KC 等显色反应，求各斑点的 R_f 值。

8.1.1.3 鉴定结果与讨论

在地衣样品与岩石接触面的扫描电子显微镜照片中可以清晰看到,地衣的珊瑚芽和假根与岩石结合在一起(图8-7),说明地衣在生长过程中,其根系对岩石的机械破坏作用——菌丝的穿插和钻孔作用促进了矿物崩溃、分解。高句丽石质文物表面生长的地衣填充在溶蚀坑内,其表面呈断续分布的薄膜与微生物作用也有一定的内在关系。当地衣死后,它的残体为细菌所分解,残体中的矿物质又可为别的地衣所用。

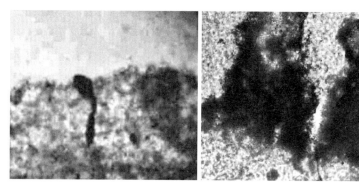

图8-7 生长植入到岩石表面的微生物残留体

8.1.2 砖石质文物上真菌类微生物的采集鉴定

8.1.2.1 真菌类微生物的介绍

暴露在自然环境中的砖石都难以避免生物的污染和侵蚀,尤其是那些长年遭受风吹雨打的砖石质文物。虽然对于生物来说,砖石是相对艰难的生存环境:砖石的温度会随湿润和干旱等情况而变化,一旦湿度下降,盐浓度会升高直至形成盐结晶;而且,砖石质文物表面会面临每天及每一季节的急剧的温度变化。尽管如此,也难以阻止生物在砖石上的生存和对砖石的破坏。从微观上的表面裂化矿物、腐生矿物和生物代谢物的沉积,到宏观上的一些片状剥落、开裂和粉化等,经常可以看到生物或微生物破坏的痕迹。一般来说,古代建筑类文物上发现最多的微生物是异养菌、真菌和细菌[1]。

图8-8　将军坟东北角真菌导致石材表面变黑

细菌对砖石质文物表面的腐蚀起着重要的作用,现已发现,细菌在大理石上分泌的黏液是使其腐蚀的主要因素。真菌是另一类最活跃的腐蚀砖石质文物的微生物,可以使砖石质文物表面颜色变黑或者染色[2],这点在高句丽石质文物上很常见(图8-8)。

8.1.2.2　菌类标本的采集:同上述地衣标本采集

8.1.2.3　菌类鉴定实验方法[3]

用马铃薯琼脂PDA培养基进行培养,去皮马铃薯200克,切成小块,加水煮沸10分钟,纱布过滤,加琼脂15-20克,葡萄糖20克,加热溶化后加水至1升,高压灭菌备用。

　　① Bock E. S. W., "The micorbiology of masonry biodeterioration", *Journal of Applied Bacteriology*, Vol.74, No.5(1993): pp.503-514.

　　② R. Mansch, E. Bock, "Biodeterioration of natural stone with special reference to nitrifying bacteria", *Biodegradation*, Vol.9, No.1(1998): pp.47-64.

　　③ 范秀容:《微生物学实验》,高等教育出版社,1989年,第155-156页。

将所采样品转接至平板培养基中,进行复壮培养、分离、纯化直至得到单一的纯种菌种。分离纯化菌种一般用平板划线培养法及混合孢子悬液稀释法。平板划线培养法是直接用采样棒或接种环蘸取菌样在平板上反复划线接种,培养后用接种针挑取单个菌孢子生长出的菌落转接于试管斜面上生长。稀释涂布平板法是将混合菌孢子悬浮液分别稀释成原浓度的 10^{-1}、10^{-2}、10^{-3}、10^{-4}、10^{-5}、10^{-6} 等,再分别吸取0.2毫升混合菌孢子悬浮液接种在平板上,然后用无菌玻璃涂棒在培养基表面轻轻地涂布均匀,培养后挑取单个孢子接种于试管斜面上生长。

丝状真菌的群体形态,即菌落的特征,是鉴别它们的一项重要依据。鉴定真菌一般用点培养法和载玻片培养法联合观察。

1. 点培养法:通常采用平板培养法,种植三个点菌落,经培养7-12天后,观察其生长速度和菌落的形态及颜色特点。

2. 载玻片培养法:取直径约8厘米的圆形滤纸一张,铺于一个直径9厘米的培养皿底部,并放一U形玻棒于滤纸上,其上平放一洁净的载玻片,盖好培养皿后灭菌。取10-15毫升PDA培养基,注入另一培养皿中,使其凝成薄层,用解剖刀无菌地把琼脂切成1厘米见方的小块,并将此方块移植于载玻片中央,用接种针将待鉴定霉菌的孢子悬液接种在琼脂的四角,然后将已灭菌的盖玻片覆盖在琼脂上。并给滤纸上加注2-3毫升无菌的20%甘油溶液,置于培养箱中28℃培养4天、7天、10天,分别在显微镜下观察不同生长间菌落的生长特征,结合点培养特征以鉴定不同的菌种。

8.1.2.4　菌种鉴定结果

本次对于潮湿地区砖石质文物上的采样由于时间和人力

的原因虽未能涉及全国,但从采样地区的分布上看也具有相当的代表性。可以看出采样分离出的菌种类别以青霉菌、曲霉菌、酵母菌、木霉菌为主(表8-1、表8-2;图8-9),其中以各种青霉菌、酵母菌最多。按地域气候特征分,麟游慈善寺所属西北地区四季分明、较寒冷、日温差大,霉菌类群多见各种稀有青霉、曲霉;大足石刻所属西南地区多雨潮湿,四季温差小,适宜多种菌及稀有菌的生长;高句丽遗存所属东北地区四季分明、较寒冷、空气质量高、污染较少,故生长了大面积的地衣和苔藓,菌种类别比较简单单一;澳门福德祠、郑家大屋所属东南地区气候温和、常年湿度很高、降雨量较大,也比较适宜稀有菌的生长;西安明城墙的样品分离出的多为青菜、土地中的常见菌,因采样地点位于西门瓮城门洞处,猜测为西门口的菜园所引入的菌孢子。

表8-1　五处采样地区的菌种类别

样品来源	样品数量	菌种类别
高句丽	5个	圆弧青霉、新月弯孢菌、牵连青霉、沙门柏干酪青霉、米根霉、酵母菌
大足	10个	匍枝根霉、三孢布拉氏菌、酵母菌、绿色木霉、橘青霉、木霉菌、点青霉、微紫青霉
麟游慈善寺	5个	绿色木霉、日本曲霉、展开青霉、内果青霉、爪哇毛霉、黑色葡萄穗霉、互隔交链孢霉
澳门地区	3个	狭窄枝顶孢霉、淡紫拟青霉
西安明城墙	3个	橙红色酵母菌、菜豆刺盘孢霉、散囊菌

表8-2 部分菌种特征介绍

菌种名称	菌 种 特 征
微紫青霉 Penicillium Janthinellum	菌落质地毡状,稍呈絮状或绳状,具放射性皱褶,灰绿色;帚状枝不规则,或单轮,或形成有梗基和小穗的穗;分生孢子梗光滑或稍粗糙;分生孢子椭圆形或近球形,形成散开的孢子链。
圆弧青霉 Penicillium cyclopium westling	菌落生长较快,蓝绿色,边缘白色,具明显的环状、茸毛状;渗出液淡黄色,反面黄色后变为橙褐色;帚状枝紧密,分枝有三层;分生孢子梗稍粗糙;分生孢子球形至亚球形,作纤缠的链状。
交链孢霉 Alternaria alternata	菌落生长迅速,黑色或褐色;分生孢子梗分隔,分生孢子壁砖状,顶部呈喙状;孢子成链、直链或分枝,有些菌株培养几次后变为不育性。
曲霉菌 Aspergillus	菌落生长局限,白色至奶油色,背面淡黄色;分生孢子头球形至放射形;小梗双层,梗基变化较大;顶囊球形至近球形,属于曲霉群。
新月弯孢菌 Curvularia lunata (wakker)Boedijn	菌落蔓延,近絮状,表面有简单的放射状沟纹,暗灰色,老后颜色变深。边缘整齐,周围绕以无色区域,背面蓝黑色。在土壤中较多,是属于菌中比较常见的种类之一。
牵连青霉 Penicillium implicatum	菌落为蔓延型,并且菌落为局限型,分生孢子球形或近于球形。分布很广,是一种常见菌。
沙门柏干酪青霉 Penicillium camemberti	菌落絮状或棉绒状,初期纯白色,成熟时仍保持白色或缓慢成为灰绿色,反面无色。
米根霉 Rhizopus Oryzae	分布于土壤、空气及其他各种基物上。菌落最初为白色,后变为灰褐色到黑褐色,代谢过程中可产生乳酸。
枝顶孢霉属菌 Acremonium	真菌,从梗孢科,顶孢霉属,直立短小分生孢子梗,从菌丝生出,直立,短小;顶端生球形分生孢子;分生孢子单细胞,无色,椭圆形。

（续表）

菌种名称	菌 种 特 征
爪哇毛霉 Mucor javanicus Wehmer	菌落初期白色，后变为灰黄色。菌丝稠密，菌丛初期直立，高10-30毫米，后期缩成膜状贴于基质表面。
绿色木霉 Trichoderma	菌落在马铃薯葡萄糖琼脂培养基上起初形成较薄的白色菌丝层，后形成不规则形状的铜绿色块，反面无色；分生孢子梗即菌丝的短侧枝经二级、三级分枝后最终形成似松柏的分枝轮廓；小梗瓶形。
酵母菌 Saccharomyces sp	酵母菌是一些单细胞真菌，并非系统演化分类的单元。酵母菌是人类文明史中被应用得最早的微生物，可在缺氧环境中生存。酵母菌在自然界分布广泛，主要生长在偏酸性的潮湿含糖环境中。

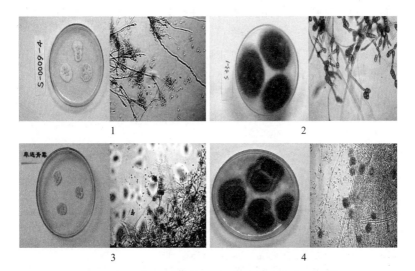

图8-9　部分菌种分离鉴定照片及显微镜下鉴定图

1.圆弧青霉　2.新月弯孢菌　3.牵连青霉　4.米根霉

8.2   潮湿地区砖石质文物生物风化机理研究

生物风化源于砖石质文物表面生物的生长，根据生物破坏的特征，砖石质文物的生物腐蚀过程可分为生物风化、化学风化、物理风化。一般来说，侵蚀露天砖石质文物的生物种类从微生物到高等植物、动物都有可能，生物破坏作用既有微生物菌丝生长的物理穿透破坏、植物根部生长劈裂破坏、动物钻洞破坏等物理风化作用，还包括微生物分泌的酸类络合分解砖石中金属离子的化学破坏作用，$(mineral)^- M^+ + H^+ R^- \rightleftharpoons H^+ (mineral)^- + M^+ R^-$, where $R^- = NO_3^-, R_1 COO^-, HCO_3^-, SO_4^{-2}$。Berthelin在1983年曾把微生物的侵蚀作用分成可溶解机理及不可溶解机理，其中可溶解机理主要是指酸性分泌物与岩石基体产生的络合反应及分解反应。地衣共生菌对露天砖石质文物的破坏作用是最大的，原因就在于地衣代谢之后分泌的混合物成分非常复杂，包括草酸、柠檬酸、葡萄糖酸、乙醛酸及无机的碳酸[1]。这些酸可以跟砖石质文物中的金属离子发生螯合作用，其中有机酸性分泌物的破坏性比无机酸要大得多，许多微生物都能分泌这些酸[2]。

---

[1]   Eckhardt F. E., W., "Solubilization, transport, and deposition of mineral cations by microorganisms-efficient rock weathering agents", *The Chemistry of Weathering*, 1985, pp.161 −173. Eckhardt, F. E. W., "Influence of culture media employed in studying microbial weathering of building stones and monuments by heterotrophic bacteria and fungi", *Proceedings of the Sixth International Congress on Deterioration and Conservation of Stone*. Nicolaus Copernicus University, Torun, Poland, 1988, pp.71−81.

[2]   Becker, T. W., Krumbein, W. E., Warscheid, Th. Resende, M. A., *Investigations into Microbiology*, 1994, pp:147−190. M. P. and Munoz, E.F, "Fungal attack on rock: solubilization and altered infrared spectra", *Science*, Vol.169, No.3949(1970): pp.985−987.

8.2.1　真菌及其对砖石质文物风化的影响

真菌是化能异养菌有机体,少数为低等类型单细胞生物,大多数是纤细管状菌丝构成的菌丝体。真菌没有叶绿素,因此没有能力靠阳光能量制造生长所需营养。

真菌是一类最活跃的腐蚀砖石质文物的微生物,在每一处被腐蚀的砖石质文物建筑上都能发现真菌的存在。真菌可以使建筑用砖石材表面变黑或者染色[①]。真菌是一大类单细胞或多细胞异样真核微生物,不含有叶绿素,不能通过光合作用形成营养物质,而砖石质文物是无机物,不能给真菌提供生存的营养物质。因此,即使环境永久保持潮湿,真菌也无法在砖石质文物表面生存,除非周围存在供其生长繁殖的营养源——藻类和细菌代谢的产物或者这些微生物死去的细胞、腐败的树叶、鸟粪。真菌产生的生物风化是由机械破坏与化学溶解两方面共同对砖石矿物进行侵蚀的[②],真菌的物理风化作用是由真菌的菌丝生长植入砖石质文物而产生破坏的。真菌的化学风化作用是较物理风化作用更为强烈的腐蚀过程,真菌会腐蚀砂岩、硅酸盐中的云母、长石以及含铁离子和镁离子的矿物(黑云母、橄榄石、辉石)[③]。真菌对砖石质文物的溶解不仅可以单独进行,而且还能通过与植物及其根系形成共生体或菌根来实

---

① Bock E.,S. and W., "The micorbiology of masonry biodeterioration", *Journal of Applied Bacteriology*, Vol.74, No.5(1993): pp.503–514.

② R. Mansch; E. Bock, "Biodeterioration of natural stone with special reference to nitrifying bacteria", *Biodegradation*, Vol.9, No.1(1998): pp.47–64.

③ Bassi, M., N. Barbieri, and R. Bonecchi. "St. Christopher church in Milan: Chemical and Physical analyses and restoration", *Biological investigations*, Arte Lombarda68/69, pp.117–121.

现,地衣就是藻类与真菌的共生体[①]。

霉菌是真菌的一部分,它在自然界分布极广。霉菌对大理石、花岗岩和玄武岩的风化侵蚀作用是通过分泌草酸和柠檬酸进行的[②]。霉菌产生的有机酸作为一种螯合剂,可以置换出砖石质文物中的金属离子 Ca^{2+}、Mg^{2+}、Fe^{2+},有机酸会造成主要矿物大量被侵蚀,含铁的矿物被完全分解掉而形成草酸铁。

8.2.2　细菌及其对砖石质文物风化的影响

细菌是生物的主要类群之一,属于细菌域。细菌是所有生物中数量最多的一类,据估计,其总数约有 5×10^{30} 个。原核生物是指一大类细胞核无核膜包裹,只存在称作拟核区(nuclear region)(或拟核)的裸露DNA的原始单细胞生物。细菌的营养方式有自营及异养,当砖石质文物表面存在水分时,细菌极易生长繁殖,但必须靠显微镜或给砖石质带来化学反应时才能发现。

热带地区的环境中,发现有三种细菌种群会造成砖石质文物损坏:化学自养硫氧化细菌、硝化细菌;光合自养藻青菌;异养细菌放射菌。这些细菌在石灰岩和砂岩上生长繁殖特别活跃。

硫氧化细菌在氧气存在的环境下产生酸性分泌物,将土壤中的硫离子氧化成硫磺酸,这些硫磺酸与砖石质文物反应成硫酸钙,即结壳,被雨水冲刷或沉积在砖石质文物气孔中,产生极大的

---

①　Rakesh Kumar, Anuradha V. Kumar, *Biodeterioration of stone in tropical Environments*, 1999, p.16.

②　李莎、李福春等:《生物风化作用研究进展》,《矿产与地质》2006年第6期,第579页。

压力①。自养硝化细菌可以将氨氧化成亚硝酸盐和硝酸盐,可以形成含氮的酸,使砖石质文物溶解、粉末化,形成可溶性硝酸盐,表现为砖石质文物风化,Jain曾在实验室内实现过这一风化过程。

其他自养细菌可以氧化砖石质文物中含有铁、锰的矿物质,导致这些阳离子从砖石质文物中分解出来,并导致表面着色。

许多人认为藻青菌带来的破坏并不大,但藻青菌会让砖石质文物呈现有色的微生物膜,影响文物原貌,而且这层黏滑的细菌可以吸附空气中的粒子、灰尘、花粉、油脂、煤灰等,产生硬壳,使清除过程变得艰难。

有人声称藻青菌除能造成物理、化学破坏外,这些长在砖石质文物上的藻青菌还可以营造出微环境,其新陈代谢的过程会产生酸作为副反应物,酸会分解腐蚀矿物质成分和粘结物,特别对于碳酸盐来说危害更大②。

遭受藻青菌腐蚀的大理石容易呈现出点状腐蚀,这是因为藻青菌分解了矿物质而增强了石材的持水性,进一步利于其繁殖。被藻青菌腐蚀后,石英黏附性降低,雨水冲刷使石英晶体脱落,产生点状腐蚀③。

藻青菌带来的生物物理风化也会发生,藻青菌黏滑的茎衣在干燥和潮湿环境循环下,收缩及膨胀产生的压力,会使砖石质文物表面的矿物颗粒松懈④。

---

① Jain, Mishra, Singh, "Role of higher plants in the deterioration of historic buildings", *The Science of the Total Enviroment*, 1995.

② Tiano, "Blue-green algae and terrestrial limestone weathering on Aldabra atoll: An SEM and light microscope study", *Earth Surface Processes and Landforms*, 1987.

③ G. Caneva et al., *The pitting of the Trajan's column: an ecological model of its origin*, 1994.

④ Friedmann, "Light and scanning electron microscopy of the endolithic desert algal habitat", *Phycologia*, 1971.

藻青菌还可以给有机体菌类、霉菌等带来养料而帮助其生长繁殖。

放射菌类一般伴随真菌、海藻和硝化细菌一同出现,迄今为止没有人能证明其生长活动是否会引起砖石质文物生物风化,实验室证明其分解的酸(如草酸、柠檬酸)可以分解碳酸盐、水解某些硅酸盐矿物质或与金属离子发生螯合作用,产生可溶解的离子根。

8.2.3　地衣及其对砖石质文物风化的影响

地衣是由一种真菌和一种藻组合成的复合有机体,因为两者长期紧密地联合在一起,在形态、构造、生理和遗传上都形成一个单独的固定有机体,是历史发展的结果,因此,把地衣当作一个独立的门类看待,是自然界中最突出、最成功的共生现象的范例。地衣体中的菌丝缠绕藻细胞,并从外面包围藻类。藻类光合作用制造的有机物,大部分被菌类所夺取,藻类和外界环境隔绝,不能从外界吸取水分、无机盐和二氧化碳,只好依靠菌类供给,它们是一种特殊的共生关系。菌类控制藻类,地衣体的形态几乎完全是由真菌决定的。

有人曾实验把地衣体的藻类和菌类取出,分别培养,藻类生长、繁殖旺盛,菌类则被饿死。可见地衣体的菌类,必须依靠藻类生活。大部分地衣是喜光性植物,要求新鲜空气,因此,在人烟稠密,特别是工业城市附近,见不到地衣。地衣一般生长很慢,数年内才长几厘米。地衣能忍受长期干旱,干旱时休眠,雨后恢复生长,因此,可以生在峭壁、岩石、树皮或沙漠地区。地衣耐寒性很强,因此,在高山带、冻土带和南、北极,其他植物不能生存,而地衣能生长繁殖,常形成一望无际的广大地衣群落。根据砖石质文物上发现的地衣外部形态,地衣可以分成三类:壳状地衣、叶状地衣和枝状地衣。还可以根据其与砖石质文物的生长特征分为两类：紧贴砖石质文物表面的以及在孔隙中生长的。

　　地衣的特性及其对砖石质文物产生的危害，很多作者都研究过。地衣的生物物理风化作用主要是由于菌体的生长穿透了砖石质文物的气孔及原本就存在的缝隙、裂隙。由于地衣的生长繁殖，这些裂隙会加剧扩大；菌体由于湿度的波动产生的周期性脱落还会导致有黏附力的矿物碎片的脱落，尽管是由于化学风化而产生的矿物微粒松动，但最终这些有黏附力的矿物碎片从砖石质文物表面分离脱落是由于地衣的生命活动[1]。多孔的石灰质石材特别容易遭受地衣的物理穿透破坏，其表面附着的多叶、壳状的地衣是对其最为有害的生物体。

　　碳酸是一类强有力的砖石质文物风化元素，特别是在经过长期的侵蚀过程后。由地衣呼吸产生的二氧化碳在菌体内转化为碳酸，由于新陈代谢过程极其缓慢，日积月累，这些碳酸对砖石质文物的风化也是不容忽视的。

　　一些研究表明地衣会造成表面矿物成分化学分解主要是因为地衣分泌的有机酸对砖石质文物的螯合作用。地衣产生的有机酸可以螯合钙离子、镁离子和铁离子，还有硅酸盐的矿物，譬如云母、正长石，导致砖石质文物表面呈现蜂窝状。有时有机酸会侵蚀颗粒间的胶结物质，导致矿物颗粒松动[2]。欧洲大理石文物表面发现了许多由于生物侵蚀而产生的坑洞，也许是因为这些砖石质文物处在热带地区，某些学者认为岩隙内生长的地衣导致孔洞出现，也有人认为这些孔洞是由于水在表面沉积导致的。

　　地衣对砖石质文物产生的影响因其化学组成、晶体结构的差异而有所不同，一般来说，碳酸盐和铁镁矿物硅酸盐比较容易

---

[1]　Jones D., Wilson M. J., *Chemical activity of lichens on mineral surfaces: A review*, 1985.

[2]　Wilson M. J., Jones D., *Lichen weathering of minerals: Implications for pedogenesis*, 1983, pp.5−12.

受影响[①]，材质上比较容易被分解。橄榄石颗粒孔洞穿透比较深，而辉石会呈现截面断裂的特点。长石比较耐地衣侵蚀，但含钙丰富的长石易受侵蚀。

在印度有很多由地衣给花岗岩带来风化的案例[②]。研究人员在该地地衣菌体内部发现富足的锂、钠、钾、铅、锌和钙离子，比正常多出20%-30%的红粉苔酸，该酸是金属离子的螯合剂，曾在婆罗浮屠砖石质建筑生长的地衣叶状体上发现过。在热带地区的地衣主要是会产生具有螯合作用的酸，譬如多酚类化学物。地衣除了分泌有机酸外还分泌乙二酸，随着地衣的生长分泌的酸类得到积累。碳酸钙的石材不易溶于水，不容易被乙二酸侵蚀，结果地衣穿透石材成为岩隙内生长的地衣[③]。Wilson等人曾发现乙二酸与石材内金属离子产生不易溶解的草酸盐结壳，在被地衣覆盖的石材表面发现了草酸钙水合物的晶体、草酸钙二水合物、草酸镁二水合物、草酸锰二水合物[④]。很多例子表明了草酸盐是石材的风化原因，草酸盐会导致表面发绿而形成污点、变色，在颜色较浅的石材表面更加容易看出来。

8.2.4　藻类及其对砖石质文物的影响

植物体一般没有真正根、茎、叶的分化，藻类植物的形态、构造很不一致，大小相差也很悬殊，能进行光能无机合成自身需要的营养。一般藻类的细胞内除含有和绿色高等植物相同的光合色素外，有些类群还具有特殊的色素而且多不呈绿色，所以它们的质体特称为色素体或载色体。藻类的新陈代谢方式也是多种

① Gayathri, *On release of trace elements from lichens*, 1982, pp.23-28.

② Gayathri, *On release of trace elements from lichens*, 1982, pp.23-28.

③ Syers, Iskandar, *Pedogenic significance of lichens*, 1973.

④ Wilson, Mchardy, *The weathering of serpentinite by Lecanora Atra*, 1987, pp.167-176.

多样的,例如有些低等的单细胞藻类,在一定的条件下也能进行有机光能、无机化能或有机化能合成营养。但对绝大多数的藻类来说,它和高等植物一样,都能在光照条件下,利用二氧化碳和水合成有机物质,以进行无机光能营养代谢。总之,藻类植物是植物界中没有真正根、茎、叶分化,靠光能自养生活,生殖器官由单细胞构成和无胚胎发育的一大类群。

藻类在自然界中几乎到处都有分布,主要生长在水中(淡水或海水),但在潮湿的岩石、墙壁和树干、土壤等处也有分布。在水中生活的藻类,有的浮游于水中,也有的固着于水中岩石上或附着于其他植物体上。藻类植物对环境条件要求不高,适应环境能力强,可以在营养贫乏、光照强度微弱的环境中生长。在地震、火山爆发、洪水泛滥后形成的新鲜无机质上,它们是最先的居住者,是新生活区的先锋植物之一,有些海藻可以在100米深的海底生活,有些藻类能在零下数十度的南北极或终年积雪的高山上生活,有些蓝藻能在高达85℃的温泉中生活,有的藻类能与真菌共生,形成共生复合体(如地衣)。导致藻类在砖石质文物表面生长的最重要的条件是潮湿、温暖、光照、无机营养,特别是钙和锰离子[1]。许多藻类对于表面的pH值很敏感,更偏爱酸性环境,但是对大多数的藻类来说,这不是定性要求[2]。

根据藻类与砖石质文物的关系,可将其分成两组:长在砖石质文物表面的藻类,生长在砖石质文物外部;长在砖石质文物孔隙内的藻类,在其内部生长[3]。

---

① Singh, "Corrosion of natural and monument stone with special reference to lichen activity", *Recent Advances in Biodeterioration and Biodegradation*, 1993.

② Strzelczyk, "Stone, In Microbial Biodeterioration", ed. A. H. Rose,. Vol.6 of *Economic Microbiology*, 1981, pp.61–80.

③ Caneva, *Biology in the conservation of Works of Art*, Rome: ICCROM, 1991.

许多学者报道了不同热带地区砖石质文物受到藻类的生长而带来的外观的影响或美学上的瑕疵,但是,对于藻类是否造成了风化破坏还有待证明。藻类与细菌、真菌联合产生的破坏作用也有很多人报道过[1],但是藻类单独造成的破坏并不常见。

藻类对砖石质文物的影响主要是审美上的外观破坏,藻类很容易辨认,大部分是青绿色的、片状的膜,具有不同厚度、颜色。在光线好并且相对干燥的环境下,青绿色膜比较薄,大部分呈灰色或黑色。在光线不好并潮湿的环境下(砖石质文物内部、洞穴的墙上),呈胶黏状,颜色有绿色、黄色、紫色和红色。它们直接在砖石上着色而带来破坏影响,这些颜色来自藻类含有的不同颜色的色素。

尽管由藻类带来的直接破坏并不明显,但藻类的存在会给其他能产生风化腐蚀的生物(地衣、苔藓、苔类植物或其他高等植物)的生长提供便利。

藻类也会产生生物化学破坏,它们产生一系列的代谢物,大部分是有机的酸类[2]。这些酸类或者直接分解砖石材料,或者增加砖石的水溶解性,或者加速盐类在砖石内部的迁移,产生表面粉末状破坏。砖石水溶解性增强会导致砖石成分改变,例如热膨胀系数,该系数能改变砖石物理风化的敏感性。藻类也可以分泌新陈代谢的产物——蛋白质,可以产生螯合作用置换砖石的金属离子。糖类,可以促进寄生在砖石上的异养细菌。藻类的生存伴随着溶解状态的水的影响,可以导致微孔洞损伤或者孔洞伤痕。

————————

①　Krumbein, "Microbial interaction with mineral materials: Symposium on scientific methodologies applied to works of art", *Biodeterioration 7: Selected Papers Presented at the Seventh International Biodeterioration Symposium*, 1987.

②　Singh, "Corrosion of natural and monument stone with special reference to lichen activity", *Recent Advances in Biodeterioration and Biodegradation*, 1993.

孔隙内的藻类会通过自身体积的增长、持水性的增加而加剧原本存在的裂隙,但是,在砖石质文物表面的生物物理风化作用中,藻类是伴随着菌类的生长而存在的。因此,不能断定是藻类独自造成的,还是真菌活动造成的。

8.2.5 苔藓及其对砖石质文物风化的影响

苔藓植物属于高等植物。植物无花,无种子,以孢子繁殖。在全世界约有23 000种苔藓植物,中国约有2 800多种。苔藓不适宜在阴暗处生长,它需要一定的散射光线或半阴环境,最主要的是喜欢潮湿环境,空气相对湿度需在80%以上,特别不耐干旱及干燥。另外,温度不可低于22℃,最好保持在25℃以上,才会生长良好。苔藓植物是一群小型的多细胞的绿色植物,一般跟藻类共同被发现,多是潮湿的环境,如潮湿的石材表面。

苔藓对于砖石质文物的影响主要是在文物外观方面,苔藓一般出现在腐殖质堆积物上面,一般这些腐殖质来自死去的藻类的堆积。苔藓死去,腐殖质物质积聚,非直接地提供更多营养供高等植物生长而给砖石质文物带来破坏[1]。

苔藓会在某种程度上造成砖石质文物因遭受生物风化而瓦解。它们的根部(假根)是在一些藻类、苔藓植物和裸子植物配子体中存在的由单个细胞形成的类似根的结构,假根酸性很高,这些生物体具备吸取矿物内正离子的能力,并且会在细胞呼吸过程中释放碳酸,长期对砖石质文物有害。

苔藓对砖石质文物产生的机械破坏并不明显,因为这些生

---

[1] Shah, R. P., "Growth of plants on mouments", *Studies in Museology*, 1992, pp.29-34.

物体根部是假根而并非真实的植物根部。苔藓生在高湿度的环境中,一般在多孔的砖石墙上,如果有泥土会促进其生长。尽管苔藓的假根会穿透砖石,但是实际因为机械作用产生破坏的案例至今没有发现。

8.2.6　高等植物及其对砖石质文物风化的影响

高等植物是光合自养生物、有颜色的(带有叶绿素和类胡萝卜素)生物体,是苔藓植物、蕨类植物和种子植物的合称。形态上有根、茎、叶的分化,又称茎叶体植物。构造上有组织分化、多细胞生殖器官,合子在母体内发育成胚,故又称有胚植物。

高等植物带来的砖石质文物机械风化破坏是很复杂的过程,带有物理、化学的过程。植物物理作用的破坏主要是由于其生长和径向变粗的根部,给砖石质文物的周围区域带来压力。相对于草本植物来说,树木会由于其根部长度、宽度、深度的增加而带来破坏。

根部生长会向着原本存在的缝隙和裂缝进行,或者比较容易穿透的部位,因此裂隙越来越大,会导致砖石质文物部分与部分之间的联系越来越小。

植物化学风化的破坏来自植物根部的酸性对矿物的腐蚀、根部分泌物对矿物中主要离子的螯合作用。根部的分泌物——譬如碳水化合物、氨基酸、氨基化合物、乙二酸、柠檬酸,会形成盐类、螯合矿物内的物质。另外,细胞呼吸产生的碳酸可以分解矿物颗粒,并能加剧生物风化的腐蚀。

植物的存在会影响砖石质文物表面的微环境,增加砖石质文物表面的相对湿度和持水性,使其他微生物更易于生存。尽管树木的存在减少了有害气体对砖石的破坏,但是,砖石表面微环境的改变不一定总是有害的,例如,叶子覆盖的砖石表面降低了湿气蒸发,相对应地降低了盐结晶作用[1]。

8.3　潮湿地区砖石质文物表面生物风化的防治研究

生物体在砖石表面的生长受生物种类、环境条件及砖石表面性质这三个因素的影响,改变某一种条件都可以起到抑制生物生长的作用。

8.3.1　局部清洗去除

在施加杀菌剂之前局部清除生长物效果会更好,特别当砖石质文物表面长期覆盖满了厚厚的苔藓、地衣和海藻时。

一般来说,首先采取清洗配合机械手动去除的方法,大面积的清洗工作宜用蒸汽洗或喷砂洗,小型清洗及局部清洗用化学试剂清洗[2]。使用的工具有硬猪毛刷、不含铁软丝刷子、解剖刀、刮刀、镰刀、镐、锄。对于用吸盘、蔓、须附着在砖石质文物上的树木和爬藤植物,切掉距地面一定高度的长度就可以,剩下的让其死掉或者用有毒的杀灭剂进行清理。稀氨水可以让机械清洗容易些,膨胀、软化菌体。2%-5%的含水氨水在清除砖石质文物表面苔藓、地衣和菌类时非常有效,之后加入灭菌剂抑制菌类生长、防水剂进行预防性保护。操作过程要避免对文物造成损坏。这种手动的机械清洗不能保证长期持续的效果,因为切除

① Garg, "Biodeterioration of cultural heritage: Some case studies", *Conservation, Preservation and Restoration: Traditions, Trends and Techniques, ed. India: Birla Archaeological and Cultural Research Institute*, 1995.

② John A., Sturst D., *Conservation of Building and Decorative stone*, 1998, pp.143-165.

表面菌丝或切断植被不能消除生物体孢子生命活动,地衣菌丝会再生,植物在合适环境下可以再长,空气中的孢子沉积在砖石质文物表面仍可以继续生长。如果要完全根除生物体生长,必须依靠频繁的操作,但是,经常操作也会伤害砖石文物本身。

8.3.2　潮湿环境下砖石质文物表面抑菌剂的筛选

需要筛选出适合潮湿地区所处特殊环境(高温、多雨、雨量大、适合菌类微生物生长繁殖)下的不怕雨水冲刷、安全、稳定、高效、低毒、不污染环境的长效防腐防霉杀菌剂。根据以上要求,我们配制了一种复合型防腐防霉杀菌剂,并选用了一种文物常用的抑菌剂TBZ(噻苯咪唑类)做对比实验。TBZ是一种使用历史较长的高效、低毒、广谱的防霉剂,属咪唑类化合物,其耐热性为300℃,在酸、碱条件下不会分解,难溶于水,微溶于一些有机溶剂。日本井上微生物灾害研究所及美国努克研究所实验TBZ对多种微生物的最低抑菌浓度(MIC)表明:TBZ的毒性很小,几种动物急性口服LD_{50}为:小白鼠: 3 600 mg/kg,大白鼠: 3 100 mg/kg,兔子: 3 800 mg/kg;缺点是水溶性不好。通过抑菌圈实验来检验其抑菌效果,同时在部分潮湿地区砖石质文物的表面喷涂复合型杀菌剂,验证其对微生物在砖石质文物表面重新生长的效果。

8.3.2.1　抑菌剂的配方及特点

这次选用的抑菌剂是由三种杀菌力强的新型防腐防霉广谱杀菌剂科学配制而成的复合型防腐防霉杀菌剂,其组成及配方如下:

霉敌:HEDAC:BM=7:2:1,将其用蒸馏水溶解加热至75℃,配制成浓度为3 000 ppm的抑菌剂。TBZ用95%的乙醇溶解,配制成浓度为3 000 ppm的抑菌剂。

8.3.2.2 抑菌剂的毒性和外观特点

霉敌是西北大学近些年研制开发的一种高效、低毒、广谱防霉剂,属杂环类化合物,化学稳定性高,有轻微刺激性,微溶于水,常温下最大溶解度为5 000 ppm,加热溶解度增大,完全溶于乙醇等有机溶剂中,对黑曲霉、米曲霉、链霉菌、蜡叶芽枝霉、串珠状镰刀霉、橘青霉、黑根霉等17种代表性霉菌及细菌都有极强的杀菌能力,最低抑菌浓度都在(30–500)×10⁻⁶。HEDAC对根霉、毛霉、巨地霉、青霉、曲霉、黄曲霉、黑曲霉等23种代表性霉菌、细菌都有极强的杀菌能力,最低抑制杀菌浓度都在(20–500)×10⁻⁶。BM对青霉、木霉、黑曲霉、毛霉等十多种代表性霉菌、细菌都有很强的抑杀能力,有效抑杀菌最低浓度为0.2%。三者复合后的抑杀菌能力比单剂好[1]。

应用于露天文物的杀菌剂不仅要具有高效抑菌杀菌作用,还必须对其是否对人体、家畜家禽有毒进行严格的毒性实验和安全评价。应用于文物保护中的防腐防霉杀菌剂必须进行急性毒性实验。

急性毒性实验是指动物一次性较大剂量地摄入实验药物后,观察动物在短期内所呈现的中毒表现,能使所实验动物毒死所需的药物剂量的一半即为半致死量,用LD_{50}来表示。表8–3是毒性的分级,表8–4是选用的配方中的三种杀菌剂的LD_{50}与毒性级别[2]。可以看出在高句丽石质文物上所选用的防腐防霉剂的三个组分的LD_{50}值在低毒和相对无毒的安全范围内,其中HEDAC的LD_{50}比食盐还小。

---

[1] 王蕙贞、宋迪生:《防腐防霉杀菌概论》,陕西科学技术出版社,1995年,第319–321页。

[2] 王蕙贞、宋迪生:《防腐防霉杀菌概论》,陕西科学技术出版社,1995年,第319–321页。

表8-3　LD$_{50}$与毒性分级

毒性级别	口服LD$_{50}$(mg/kg)大白鼠
极剧毒	<1
剧　毒	1-50
中　毒	50-500
低　毒	500-5 000
相对无毒	5 000-15 000
实际无毒	>15 000

表8-4　配方中的三种杀菌剂的LD$_{50}$与毒性级别

样品名	LD$_{50}$(mg/kg)	毒性级别
霉敌	1 620	低毒
HEDAC	10 500	相对无毒
BM	1 470	低毒
食盐	5 000	低毒

　　复合杀菌剂三个组分稳定性好,三者之间不会产生化学反应,不受温度、紫外线、有害气体的影响。三个组分均为白色粉末,溶于热水,在冷水中溶解度均很小。其水溶液无色透明,不污染文物本身和环境。

　　8.3.2.3　复合抑菌剂的效果

　　根据前项调查研究结果,我们从这些潮湿地区砖石质文物表面分离出的菌类中选取部分,并照顾种群类别,以及代谢产物可能有害的菌种考虑,选取了15种菌类作为检验复合抑菌剂效果对比实验的受试菌种(表8-5)。工业材料的防菌类性能一般采用抑菌圈实验和最低抑制浓度实验测定，由于抑菌圈实验的效果比较直观和易于操作，本实验采用抑菌圈实验。选用防霉剂（浓度均为3 000 ppm）对菌种做了抑菌圈实验，菌种孢子悬浮液含量105-106个/毫升，培养基10毫升/皿，培养皿 ϕ=9厘米，接种量1毫升/皿，培养温度28℃，培养时间4-7天，并对长菌结果进行测量、统计、照相。

表8-5 抑菌圈对比实验数据表

抑菌圈 菌名 \ 药品	复合抑菌剂	TBZ（乙醇）
混合菌	3.2	3.5
产黄青霉	3.8	8.0
黄柄曲霉	5.0	6.0
赭色青霉	3.8	5.0
蜡叶芽枝孢霉	7.5	9.0
少根根霉	4.5	0
米根霉	3.8	8.0
康宁木霉	2.8	7.0
圆弧青霉	3.2	6.5
互隔交链孢霉	8.0	3.5
杂色曲霉	9.0	8.0
黑曲霉	5.0	5.0
橘青霉	5.8	6.0
宛氏拟青霉	2.1	—
黄曲霉	2.1	—
绿色木霉	2.9	—

抑菌效果的强弱以抑菌圈值的大小决定,抑菌圈越大表示抑菌效果越强,抑菌圈值小于2厘米即无抑菌效果[①]。由抑菌圈结果可知(图8-10),复合防腐防霉杀菌剂对于常见菌和稀有菌种均具备杀菌效果;TBZ对于常见菌抑菌效果较好,可以提高复合抑菌剂对于常见菌的抑菌效果,但对于某些地区的稀有菌种不具备抑菌效果,不能单独使用,而且价格较高,水溶性不好。故对于潮湿环境的砖石质文物使用复合防腐防霉杀菌剂就能起到杀菌、抑菌作用,在后期的保护中配合清洗、封护等多种手段,可以达到长期抑菌的效果。

8.4　潮湿环境下砖石质文物表面生物风化预防治理措施

预防性保护包括抑制生物危害,靠调整环境条件例如物理风化、化学风化参数而让环境参数不利于生物生长的各项措施。例如湿度、温度、光照等环境参数,可以在室内环境中调节,在室外环境中并不太有可行性,但是有一些治理手段是可以起到预防生物危害的作用的。

生物体在砖石质文物表面的生长受生物种类、环境条件及砖石质文物表面性质三个因素的影响,改变某一种条件都可以起到抑制生物生长的作用,蒙世杰等人研究了秦俑陶片含水率与菌类生长的关系,当其含水率低于6.6%时,菌类会停止生长。因此,可以通过改变砖石质文物表面性质(含水率)使其不能保存水分,使生物体生长所需的水分从理论上降至极限而限制生物体生长。

---

① 奚三彩:《古代丝织品的病害及其防治研究》,河海大学出版社,2008年,第233-260页。

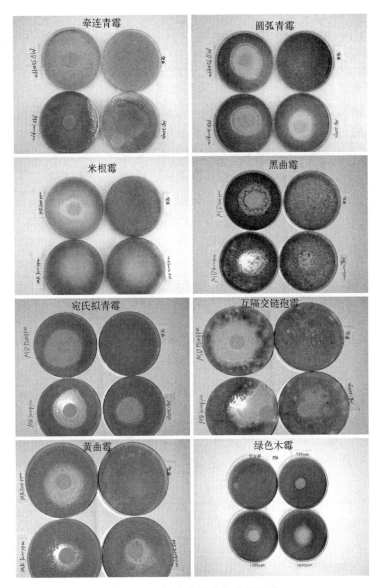

图8-10 部分菌种的抑菌圈照片

8.4.1 预防性措施

考虑到砖石质文物的保护原则,不太可能去考虑改变砖石质文物的整体设计构造以消除可聚集水、有机岩屑的区域,尽管这样的区域提供了湿润的、有利于生物生长的环境。而通过简单的日常维护措施来控制生物生长的效果其实很显著,其中包括控制湿度、消除带来高湿度的因素,修房顶、排水沟、修缮排水系统、安装防潮系统控制湿度增高等措施,高等植物一般生长在砖石质文物原有的裂隙中,因此,经常检查并重嵌细缝,会自动防止植物生长。有时植物生长可以用作预防性保护措施,在砖石质文物周围栽种植物可以更改微环境而减低其他生物体的生长概率,合适的植物可以降低地下水位,降低蒸发量,减少空气含盐量和污染,减少腐蚀。但是,必须小心选择植物种类,以免植物地下根部生长而破坏砖石质文物的稳定性。

8.4.1.1 清除现有的生物体

防治砖石质文物生物风化主要是清除有害生物体,防止其继续生长。一般来说,首先要采取清洗的方法,现今,化学清洗法、机械清洗法、蒸汽清洗法、低压水清洗法、生物清除法都可以被引入清除生物体的过程中,但是否能够达到预期的效果取决于选择的方法和清洗材料——大面积的清洗工作宜用蒸汽洗或喷砂洗,小型清洗及局部清洗宜用化学试剂清洗[①]。

8.4.1.2 周期性清理灰尘、生物孢子和植物种子

预防性保护措施包括控制湿度和清除建筑物中会聚集水分、潮湿的区域来控制生物生长或减缓其生长的速度。可以考虑重新修建文物建筑屋顶、排水沟和防水屋檐等为砖石质文物

---

① John A., Sturst D., *Conservation of Building and Decorative stone*, 1998, pp.143-165.

提供相对较为干燥的环境。

　　植物一般生长在砖石质文物原有的裂隙、洞沟中,因此,定期的检查和及时的保护措施是非常必要的,重新用保护材料填补缝隙就可以有效地防止植物的生长[①]。有机生物体的营养来源,例如灰尘、有机物的丢弃物、鸟粪、不恰当的保护材料,都可以从砖石质文物表面去除,周期性清理可能是保护露天砖石质文物免受生物侵蚀最好的常用方法。

8.4.2　施加杀菌剂和封护剂的保护措施

　　既然微生物的生长通常都伴随着潮气聚集,防水剂可以用于杀菌剂之后来巩固杀菌剂的效果。将防水剂施加在使用杀菌剂之后的砖石表面,例如用2%的聚甲基丙烯酸甲酯溶解于甲苯,应用于事先湿洗并杀菌的砂岩上,效果非常好。这点在印度的石质文物上已得到证实,据说可以保持5年的杀菌效果[②]。

8.5　展　　望

　　生物风化对于潮湿地区的砖石质文物的破坏是毋庸置疑的,过去50年由于科学技术发展和交叉学科的合作使我们对于生物与砖石质文物的关系有了比较深的了解。生物风化是个复杂的过程,和物理风化、化学风化结合在一起,风化机理很难推断,风化速度比物理风化、化学风化要快得多。近些年的主要研究方向偏向于生物中地衣、藻类、菌类和细菌的风化机理。高等

---

　　① Mishra, Garg, Kamlakar, *Microbiological deterioration of stone: An overview*, India: Birla Archeological and Cultural Research Institute, 1995.

　　② Kumar, R., Kumar, A. V., *Biodeterioration of stone in tropical environments*. Research in Conservation, Getty Conservation Institute, los Angeles, 1999, p.85.

植物的存在是砖石质文物遭到破坏的主要原因。生物风化研究需要各学科间的合作，并且研究结果要保证在野外露天有可操作性，对于今后砖石质文物的生物风化及保护工作，我们可以投入更多关注的方面也有很多：

1. 探求更精确的可以鉴定、分离多种生物体的方法；

2. 用科学技术来辅助定性、定量地评价不同生物体对砖石质文物产生的破坏等级；

3. 探求不同生物种群之间的关系；

4. 更加深入地了解同种生物对于不同种类砖石质文物的反应机理和破坏方式；

5. 系统地探讨保护试剂抑制生物体生长的可能性；

6. 制定统一的生物杀菌剂的选择标准，给工作带来方便和规范；

7. 探求砖石质文物抗菌的各类方法和措施；

8. 探求各类简单易操作的日常预防生物体生长的方法。

第9章

结　论

　　虽然目前砖石质文物的保护研究取得了很多成果,但是针对潮湿环境下的砖石质文物的保护工作还有很多需要解决的问题,对砖石质文物病害分析及砖石质文物保护科学的体系还需要完善,保护流程亟待规范。本书涉及多种基础学科,在全面系统地对砖石质文物的风化因素、风化特点及国内常用的文物保护材料性能全面考量的基础上,得出了如下结论:

　　1. 通过对本书选取的五处不同环境特征与风化特征的砖石质文物——高句丽石质文物、大足石刻、西安明城墙、麟游慈善寺石窟、澳门地区砖石建筑所处环境质量、病害现状调查等,首次较为全面系统地分析了五处潮湿地区砖石质文物的主要风化病害和风化机理。共同的病害即水害是潮湿地区砖石质文物所受到的最主要的破坏因素,根据不同环境特点和砖石本身材质的不同,呈现的主要风化特征也各不相同。通过对本书选取的五处砖石质文物的样品的SEM微观特征进行总结,发现砖石质文物在微观结构上的变化主要表现为次生的黏土矿物、石膏、有机质,表面有大量风化碎屑,产生新的孔隙、裂隙或原有裂隙、孔隙变大,这些特征均反映出砖石质文物风化的复杂性,既有物理风化、化学风化，又有生物风化。

2. 由于高句丽古墓群处于一江（鸭绿江）一河（通沟河）之滨，这一江一河常年水量充沛，江河面宽，水的蒸发量大，加上又处于两山之间，地势较低，空气中有害气体和水蒸气不易逸散，在年平均相对湿度高达71%的高湿环境下，水分是现存病害诸因素中最主要的。高句丽石质文物主要由花岗岩组成，花岗岩含有大量的石英、长石等高硬度矿物，经过物理风化后导致裂隙发育，常崩解成散碎的沙砾。水害在能产生冻融条件的季节里危害最为严重，有低温度带来的冻融劈裂作用，此外还伴有化学风化，并满足了地衣生长的必要条件——各类植物、微生物，特别是苔藓、地衣、菌类微生物在石质文物上生长、代谢、活动与死亡，直接或间接地给高句丽石质文物带来了严重损蚀破坏。

3. 大足石刻所处地区污染物二氧化硫、总悬浮颗粒物、降尘超标，大足地区多年平均相对湿度可达82%，冬春季多为85%-90%，地面的高湿度为雾气的形成提供了充足的条件和水分。大足地区雾水pH值的平均值能达到4.39，因此，侵蚀大足石刻造像的水害类型可大致分为四类：龛窟漏水病害、地表水病害、裂隙渗水病害、凝结水酸雨和酸雾病害。其中水参与的酸雨、酸雾的侵蚀是较为缓慢但长期的危害类型，雨水直接飘落到石刻岩体表面，雨水通过崖壁、地面溅落到岩石表面，降雨沿挑檐形成的跌落雨帘、雨雾飘落到岩石表面，霾雨使空气中弥满的水汽沉降在岩石表面。酸雾主要是酸性水分子以沉降的方式沉积在岩石表面形成凝结水或浸润到岩石表面孔隙中，酸雾无处不在、无孔不入，其侵蚀方式比酸雨严重。大足石刻主要为砂岩，并不含有黄铁矿等提供SO_4^{2-}的矿物，但是据现场调查取样的风化产物XRD和SEM-EDX结果分析，在大足龛窟内部雨水不能直接淋触且人为活动影响较小的部位,风化产物可溶盐硫酸盐类含量同样很高,说明了可溶盐中的SO_4^{2-}来自大气环境中的酸雨、酸雾,酸雨、酸雾对大足石刻岩石的主要破坏作用是为岩石表层可溶盐(以硫酸盐为主)的生成积聚提供丰富的阴离子,产生可溶盐循环溶解、结晶,破坏了岩石表面的结构,加剧岩石的风化破坏。这些可溶盐的聚集导致了窟龛石刻表面风化剥落、溶蚀、酥碱等各类病害。

故对大足石刻水害的治理是一项综合性的治理工程,综合之前大足石刻对于水害治理的经验,一般可以分为三项工程内容,即地表水治理、保护长廊维修维护、裂隙渗水治理。

4. 对于西安明城墙来说,造成其发生各类病害的诸多因素中,水是一个较为主要的破坏来源。水对于城墙的冲刷和渗透,会导致很严重的后果,甚至使城墙从墙根倒毁;墙体基础下的渗漏则往往在不知不觉中造成城墙大面积坍塌;雨水在城墙海墁上积水、下渗则会使城墙出现外鼓、酥碱等现象,甚至导致城墙表皮大片的砖层逐渐塌落。城墙在最初建造时,就有非常有效的排水系统,墙顶设计成斜面、拱背,使雨水可以分流;墙顶的侧面设有排水沟,女墙和垛墙下部还开有排水洞口。城墙能保存至今还较完好,很大程度上得益于这样有效的排水系统,但据考察,目前多处排水设施有损坏,有的排水口被封住,有的则被堵住而不畅通,海墁上存在大量的不均匀沉降也导致排水坡度起伏,极易造成积水,雨水下渗使墙体出现裂缝,又导致海墁裂缝进一步增大,形成恶性循环。墙体沉降、裂缝、鼓胀对城墙安全构成了危害,在这些病害没有发生突变的情况下,我们采取传统的变形沉降观测来进行病害预报,预防这些病害的发生。

另外地下水、地面水中的可溶盐对砖体的侵蚀也是较为严重的,据前期SEM分析可见砖样内部大量溶蚀孔道和可溶盐的存在。溶蚀是砖材产生片状剥落的起因,因此,对于城墙的保护,必须要在砖体表层实施适当的加固,从而提高已劣化表层的结构联结强度和增强其憎水性能。

5. 麟游慈善寺石窟依山而建,故山体水、雨水会大量渗出,渗出过程中溶入空气中的二氧化碳,与石材中的碳酸钙作用形成可溶性Ca(HCO₃)₂,渗到石材表面又分解为难溶的碳酸钙,留在石窟及造像表面。此过程反复进行,久而久之,形成片状或带状白色水痕。下雨及山体水带着山体表面泥土顺势下流时,部分泥土附着在因风化而凹凸不平的粗糙石材表面,形成淡黄棕色土锈层。

6. 对于澳门地区的砖石建筑来说,水分是导致砖石质文物风化的重要原因,这里的气候特点是湿度约73%至90%,全年降雨量约1 778毫米,降雨量大、地面蒸发量大,水分来源充足。常年潮湿的空气和地下水、地面水、雨水中的可溶盐对砖石质文物的破坏是非常严重的,液态水在毛细营力作用下进入砖石质文物内部,砖石呈现局部的粉末状、碎屑和鳞片以及片状脱落。而且,因常年高湿度带来的生物风化是比较突出的风化特征之一,生物风化侵蚀种类单一,面积很大。

7. 对于潮湿环境下砖石质文物所受到的水害的防治,是一项重要的项目,其方法有:针对文物保护区的水源的截断、构筑排水设施、修筑保护棚或局部遮挡,还有施加加固封护剂增加砖石质文物的憎水性。对于砖石质文物本体进行表面封护,还可以防止水对砖石质文物进一步造成危害,减少雨水冲刷、溶蚀和吸收,防止化学风化,并阻碍地衣、菌类等生物体的生长,防止生物风化;在深秋冬季能产生冻融的条件下,避免冰劈造成的裂隙加剧发育一类的物理风化。目前国内外在砖石质文物表面保护材料中研究和应用得最为广泛的要数有机硅类的材料,由于它们在化学结构上的特点,而具有适合砖石质文物保护的性能,与基材黏附牢固、憎水透气、耐候耐老化(聚合物主链Si-O-Si对紫外线也是稳定的)。我们首次选取了五处潮湿环境下砖石质文物的样品,用筛选出的加固封护材料对其进行保护并且用SEM来观察其微观特征。经过加固封护的砖石样品的表面已经形成了一种网状结构,这种网状结构大大提高了砖石样品的物理强度和抗风化能力;由于这种结构是致密的膜,可防止水(含酸性或碱性)的侵入;材料固化后并没有把大多空隙填补,样块仍保持一定的透气性。

8. 本书首次对选取的五处砖石质文物的生物风化的生物种群形态学及物理特征进行了分析。了解其在砖石质文物风化过程中所起到的作用,才能选择最好的预防及根除生物有机体的办法。我们发现在潮湿环境下,生物风化(主要是地衣、苔藓、菌类)是砖石质文物风化破坏的重要因素之一。不同地区砖石质文物所遭受的生物危害的种类差异很大,可能与砖石的性质和周围的环境都有关系,我们将进一步进行研究。

9. 由于时间和人力的原因,本书对于潮湿地区砖石质文物的采样未能涉及全国很多地方,但在采样地区的分布方面具有相当的代表性——分析了不同地区不同环境特征下菌种的种群类别特征。虽然高句丽石质文物、大足石刻、麟游慈善寺石窟、澳门砖石质文物所处环境都属于高湿多雨的潮湿环境,但所遭受的生物风化种类不同,菌种的类别差异较大,故筛选潮湿地区砖石质文物生物防治的防腐防霉杀菌剂时首先要考虑其广谱性,要对常见菌和罕见菌都具备广谱的杀菌效果。本书针对潮湿环境下所处的特殊环境(高温、多雨、雨量大、适合菌类微生物生长繁殖)而研制了一种不怕雨水冲刷、安全、稳定、高效、低毒、不污染环境的长效防腐防霉杀菌剂,采用生物学防治菌种生长的常用方法——抑菌圈验证了复合防腐防霉杀菌剂的抑菌效果。由抑菌圈结果可知，复合防腐防霉杀菌剂的协同杀菌的广谱性明显优于单一药效的TBZ类杀菌剂，复合防腐防霉杀菌剂对于常见菌和稀有菌种均具备一定的抑菌效果，后期保护过程中配合清洗、封护等手段来改变砖石表面的性质使其具备憎水性而无法提供微生物生长所必需的水分，综合的治理手段最后可以达到对潮湿环境生物风化产物的防治效果。

　　10. 通过对高句丽石质文物、西安明城墙、麟游慈善寺石窟等文物的加固保护、生物防治等研究，系统地探讨了潮湿地区砖石质文物的保护流程和保护方法。

附　录

潮湿地区砖石质文物保护
流程设计

1. 砖石质文物保护设计的原则

根据2002年修订的《中华人民共和国文物保护法》规定，对不可移动文物进行修缮、保养、迁移，必须遵守不改变文物原状的原则。对于文物保护的原则，不同的人有不同的观念，文物有最初制作出来的原始状态，又有千百年历尽沧桑，在各种因素影响下发生变化的状态，文物原状不可能是文物最初的状态。文物古迹的原状主要有以下几种状态：实施保护工程以前的状态；历史上经过修缮、改建、重建后留存的有价值的状态，以及能够体现重要历史因素的残毁状态；局部坍塌、掩埋、变形、错置、支撑，但仍保留原构件和原有结构形制，经过修整后恢复的状态。对于砖石质文物的维修与加固，若确需恢复到创建时的原状或恢复到一定历史时期特点时，必须具有现实的必要性以及可靠的历史考证和充分的技术论证。

2. 潮湿地区砖石质文物保护设计应采用的原则

在坚持不改变文物原状的前提下，根据潮湿地区的环境特点，应坚持以下原则：

（1）坚持"保护为主、抢救第一"的方针。

（2）在保证砖石遗址稳定的前提下，尽量减少对砖石遗址本体及周边自然环境的工程干预。

（3）在对砖石质文物保护处理之前，应对其历史、艺术和科学价值进行充分的评估。

（4）在设计中尽量采用传统的工艺和材料，保证文物环境的原始状态。

（5）在采用新技术和新工艺时，要遵循先实验再使用的原则。

（6）对砖石质文物保护处理时，均应控制在最低限度，当确有必要进行维修处理时，应尽量采用可逆的技术措施。

（7）坚持整体性的保护原则，即不仅要保护其主体的局部，还要保护整个载体、载体所处的环境和历史文化内涵。

（8）砖石质文物的保护工作有以下几类：日常维护工作；重点修复工作；抢险性工作；局部修补工作；搬迁保护工作。

（9）砖石质文物的保护除了做好本身的保护维修外，还应从改善周围环境入手，改变文物所处环境。

3.环境调查

（1）空气中污染物组分含量的测定。

（2）一年以上降雨量记录及五年以上当地水文资料。

（3）温湿度变化情况：日变化情况及季节性变化差异。调查结果除调查报告外，还要将全部记录资料收集整理。

4.风化现状及病变症状

用文字、照相、图片等方式记录。记录内容包括：病变的外观种类、面积、结构、形式。裂隙长度、宽度、具体部位。起翘、空臌、脱落、剥离等情况。表面风化产物颜色、类别、形式。如有条件，做超声波探测裂隙贯穿情况等。

5. 实验室研究

（1）砖石质材料及结构形式

光学岩相显微镜下观察砖石结构、颗粒大小、层理、基质及碎屑等，分析砖石颗粒大小、颗粒之间的胶结情况。X射线衍射分析砖石矿物组成。

（2）砖石质材料化学风化分析

在砖石表面刮取有代表性的砖石样品。分析其可溶盐的成分。XRD分析表面风化产物的成分。

（3）砖石质材料物理风化分析

砖石物理参数测试。包括砖石密度、吸水率和硬度等。

（4）砖石质材料生物风化分析

对表面附着的苔藓、地衣进行种属分离鉴定。镜下观察被生物侵蚀的砖石表面及生物根系深入砖石内层的情况。评估苔藓、地衣对砖石表层及内部造成的危害。

（5）砖石质文物表面清洗

清洗剂的选择原则：不应使用具有腐蚀性的化学试剂，如果必须使用这类化学试剂，浓度应尽可能降低，而且使用后应尽快用水冲洗干净。

清洗实验：可进行点实验和面实验清洗，并研究清洗方法、清洗工具及顺序。

（6）砖石质材料裂隙粘结修复研究

裂隙胶粘剂的选择：原则上保护处理需具有可逆性，对于不可逆的胶粘剂应在粘结前对裂隙表面进行对应处理。通过测量粘结后的抗拉、抗折强度选择适宜的胶粘剂。

（7）砖石封护材料应用实验

对砖石样品进行斥水性实验（包括吸水率变化和滴水珠实验），开展技术性能实验（如耐酸碱性能、冻融性、毒性、透水性)、封护剂施加工艺性能实验(包括不同配比、施涂工具与方法、成膜所需环境条件等)。

6.预防性保护措施

预防性保护措施的内容主要指温湿度控制,保护厅、保护棚的建立,文物周边环境的治理,文物保护区交通污染控制,地下水的治理,游客数量的限制,日常保护程序,以及突发事件如火灾、地震等应对方案的制定等。

对于处于潮湿环境中的露天砖石质文物的保护,建立保护厅、保护棚架是首先要考虑的保护方法,保护厅、保护棚架能最直接地减少雨水对砖石质文物的冲刷、减缓日光对砖石质文物的破坏、减少露天砖石质文物表面的降尘污染以及保证文物保护区小环境内温湿度的平稳。

7.现场抢救性保护实施措施

(1)砖石表面清洗

原则上是先除去易清洗的脏物,然后处理顽固脏物,如果被清洗表面周围有裂缝,应先对裂缝进行封护处理,防止脏水进入缝内。工具一般有毛刷、牙签、牙钻等,试剂有去离子水、中性化学试剂。对于地衣痕迹及部分矿化的砖石表面,就需要化学试剂和机械法配合作用。

(2)砖石表面裂缝加固修补

首先清洗裂缝内部脏物。对干净的裂缝表面进行预加固处理。大裂缝除了用粘结加固材料外,还要用石块、石子等起支撑作用。小裂缝可用针注法或强度较小的丙烯酸酯加固处理。裂缝表面做旧处理可用胶粘剂与合适的颜料调好颜色,用细毛笔刷于处理后的裂缝表面。

(3)砖石表面憎水处理

憎水处理必须是在清洗后的砖石表面进行。憎水剂必须具有良好的透气性,并不改变砖石质文物外观颜色。

8.室外露天砖石质文物保护效果现场检测

(1)点荷载试验

点荷载试验是将岩石块试件置于点荷载仪的两个球面圆锥压头间,对试件施加集中荷载直至破坏,然后根据破坏荷载计算点荷载强度,从而求解岩石抗压强度、抗拉强度的测试方法。其优点在于可以测试不规则岩石试件及严重风化岩石的强度,同时轻便、易于操作,适用于各种岩性、不同风化程度的岩石。

(2)表面回弹锤击测试

回弹仪是一种测定岩石表面强度的简易测试仪器,斯密特锤(schmidt hammer)在一定条件下,根据冲击回弹高度和刚性材料抗压强度间的函数关系,可定量化、无损地测试岩石表面的强度,其中回弹高度用弹值(R)来表示。根据研究,岩体回弹值(R)和岩体重度(r)的乘积与岩体抗压强度呈线性关系,因此,只要得到回弹值和重度,即可求得岩体的抗压强度。用回弹锤测试岩体的抗压强度具有操作简单及测试迅速的优点,是石质文物保护工程中必不可少的无损检测技术之一,适用于较致密的岩石表面,如砂岩、灰岩、花岗岩等,不适合酥松、胶结性差、表面均一性差且多孔洞的岩石,如玄武岩、砾岩等。

(3)自由表面吸水率测试(卡斯腾量瓶法)

卡斯腾量瓶法是最早在欧洲使用的测试岩石表面吸水量的方法,用于定量、半定量检测材料在一定压力下的毛细吸水能力和憎水能力,能够直接反应材料在保护处理前后吸水能力的变化。适用于小孔隙岩石材料,如砂岩、灰岩、花岗岩等;不适用于大孔隙岩石材料,如玄武岩、角砾岩、凝灰岩等。

按照德国的工业标准DIN52617,矿物材料的毛细吸水系数(w)定义为单位面积、单位时间材料的吸水量。其等于材料单

位面积吸水量除以时间的平方根,即:

$$w=W/t^{1/2}$$

其中:

W:单位面积吸水量,单位:kg/m^2;

t:时间,单位:小时;

w:矿物材料的毛细吸水系数。

(4)超声波检测技术

超声波是一种微机震荡波,无论在固相、液相还是气相介质中均可以波的方式传播。超声波在不同介质中运动时会产生不同的衰减,同一介质中不同的超声波类型也会产生不同的衰减。由于砖石质文物受到的风化作用导致不同部位的砖石强度不等,哪些部位加固到何种程度、达到了什么样的强度均可以用超声波迅速给出。

(5)红外热波检测技术

红外热波检测是基于红外辐射原理,通过扫描记录或观察工件表面因缺陷所引起的温度变化来检测表面和近表面缺陷的无损检测方法。红外热波检测具有显示快速、无须物理性接触、易于现场检测、安全等优点,通过红外热成像仪来检测砖石质文物是否产生裂隙、风化程度等,既不伤害砖石质文物本体,又为快速制定保护策略提供了时间。

(6)声波CT技术

声波CT技术是根据声波在不同介质中传播速度的差异,将接收到的反射波信号用CT原理进行成像处理。它可提供缺陷的完整二维图像或三维立体成像,通过图像可以直观展示缺陷的空间状态。它还可以对被测物体进行断层扫描,以便更直观地观察到物体局部的缺陷。